Zu diesem Buch

Dieses Essay über Mahatma Gandhi ist gleichzeitig eine Studie über die Macht der Gewaltlosen, über den Widerstand von Menschen, die sich nicht davor fürchten, Gewalt anzuwenden, sich aber aus freien Stücken dazu entschließen, ohne Gewalt für ihre Ziele zu kämpfen. Woodcock beschreibt die persönliche Entwicklung Gandhis vor allem im religiösen und ethischen Bereich und deren Bedeutung für soziale, wirtschaftliche und politische Ziele und Forderungen. Er zeigt, gemessen an den Werten und Zielen „Ahimsa" (Gewaltlosigkeit) und „Swaradsch" (Selbstregierung) und der Abkehr der meisten Mitstreiter und Nachfolger Gandhis von dessen Zielen, das scheinbare Versagen seines Wirkens gegen Ende seines Lebens. Aber schließlich wird aufgezeigt, worin der wahrhaft epochemachende Beitrag Gandhis liegt: in der Entwicklung neuartiger Kampfestechniken, „Satjagraha" (Macht der Wahrheit oder Gewaltlose Aktion) genannt. Sie sind seit Gandhis Tod in anderen Teilen der Welt aufgenommen und weiterentwickelt worden und bieten eine Alternative zu Gewalt und Krieg, die bisher als letztes Mittel zur Durchsetzung von Interessen in Konfliktsituationen eingesetzt wurden, und gehören heute wohl zu den wichtigsten Methoden, um die Menschheit aus dem atomaren Dilemma herauszuführen.

Der Autor

George Woodcock, geboren 1912 in Winnipeg in Kanada, ist ein sehr vielseitiger und fruchtbarer Schriftsteller. Bekannt wurde er durch seine von anarchistischen Ideen geprägte Lyrik und seine große Monographie über George Orwell ‚The Crystal Spirit'. Von 1954-63 war er Professor für englische Literatur an amerikanischen Universitäten. Seine Geschichte des Anarchismus (1962) ist ein wissenschaftliches Standardwerk. Er war oft in Indien und schrieb über dieses Land mehrere Bücher: ‚Faces of India', ‚Kerala', ‚The Greeks in India', ‚Asia, Gods and Cities' und ‚Into Tibet'.

„ . . . aber ich ging nackt in den Konferenzsaal – und habe gewonnen, Nye . . .”

(Aneurin Bevan, genannt Nye, war britischer Labour-Minister nach dem 2. Weltkrieg und führend gegen eine Resolution, nach der Großbritannien einseitig abgerüstet werden sollte.)

George Woodcock

Der gewaltlose Revolutionär

Leben und Wirken Mahatma Gandhis

FROHES FEST!

Markus

LEIDER SCHON EIN BISCHEN ZERLESEN!

Zündhölzchen Verlag
Weber, Zucht & Co Verlag

Aus dem Englischen übertragen
von Yvette Köpp

Veröffentlicht von
Zündhölzchen Versand & Verlag und
Weber, Zucht & Co Versandbuchhandlung & Verlag GmbH
Steinbruchweg 14, 3500 Kassel-Bettenhausen
Februar 1983

Druck: Grafische Werkstatt von 1980, Kassel
Printed in Germany
ISBN 3-88848-100-7 (Zündhölzchen)
ISBN 3-88713-003-0 (WeZuCo)

1. Kapitel

Im Jahre 1970, in den spannungsgeladenen Tagen erhöhter Nervosität, die den Ausbruch des Monsuns ankündigt, rasten Horden naxalitischer Terroristen durch die Straßen Kalkuttas, setzten Autobusse in Brand, machten Polizisten und Lehrer nieder, verwüsteten Kinos, in denen antichinesische Filme liefen, und plünderten amerikanische Niederlassungen und Universitätsinstitute. Am heftigsten richteten sich die Angriffe jedoch gegen die Institutionen Gandhis, die für einen höheren Lebensstandard der städtischen Bevölkerung arbeiten. Gandhis Schriften wurden verbrannt, seine Bildnisse zerstört.

»Eine Art Mord« hat John Milton einmal die Vernichtung eines Buches genannt – die Aktionen der Naxaliten im Jahre 1970 riefen ins Gedächtnis, daß der Verfasser der von ihnen verbrannten Werke selbst einer ebenso fanatischen Gruppe, Verfechtern engstirniger Zukunftsvorstellungen, zum Opfer gefallen war. Die Männer, die Gandhi 1948 ermordet hatten, waren hinduistische Terroristen gewesen, die sich dagegen auflehnten, daß er im befreiten Indien auf gerechte und großzügige Behandlung aller, ohne Ansehen der Religion, bestand. Die Naxaliten, die Gandhis Lehren als »Kristallisation des Revisionismus« verwarfen, suchten die Zugkraft einer revolutionären Tradition, der einzigen neben dem Kommunismus, welche die Gemüter der indischen Massen beeindrucken konnte, zu schwächen.

Ihre Aktionen haben aber mehr offenbart als den Kontrast der eigenen Auffassung von sozialer Umwälzung zu der von Gandhi verkündeten und vorgelebten. Sie haben auch bewiesen, daß der aus Gandhis Lehren, aus seinem Vorbild und aus seinem Charisma gewobene Mythos noch heute in den

Slums und Dörfern Indiens lebendig ist, obgleich er keine Partei hinterließ, die sich seinen Lehren verpflichtet weiß, und obwohl er von der indischen Regierung mehr durch das Andenken als durch Taten geehrt wird. Sein Bild, in abscheulichem Öldruck, ist häufig neben dem des Gottes Krischna an den Lehmwänden indischer Hütten zu sehen, und in analphabetischen Volksteilen wird sein Name noch voller Ehrfurcht genannt, gleich dem eines Avatar, eines herabgestiegenen Gottes.

Und tatsächlich lebt Gandhi im Gedächtnis des indischen Volkes als der große Kulturheros der jüngsten Vergangenheit weiter: ein Ardschuna mit dem Äußeren eines Hanuman. Dieser Mann von absoluter Redlichkeit und fast schon demonstrativer Bescheidenheit, der den ihm von Rabindranath Tagore aufoktroyierten Titel »Mahatma«, das heißt »Große Seele«, mißbilligte, hat einen Namen hinterlassen, der heute noch von Politikern und Publizisten skrupellos mißbraucht wird. Sie benutzen ihn vor der Landbevölkerung, die sich an Gandhi als den Mann erinnert, dem sie neue Zuversicht und Selbstachtung verdankt, zur Rechtfertigung ihres modernen Indien, dessen sozialer und politischer Kurs nur wenig mit Gandhis Überzeugungen und Taten übereinstimmt. Was von Gandhis Errungenschaften Bestand hat, sollte losgelöst von den Menschen gesehen werden, die sich als seine offiziellen Erben ausgeben; allein schon deshalb, weil Gandhi ein gänzlich inoffizieller Mensch war. Er erkannte, daß persönliche Freiheit und Ausübung der Macht nicht zu vereinbaren sind. Als der indische Nationalkongreß, das von ihm vorübergehend geleitete Organ der Befreiungsinitiative mit legalen und außerlegalen Mitteln, selbst nach der Macht griff und zu einer politischen Partei wurde, zog er sich zurück. Mit außergewöhnlicher Hartnäckigkeit bestand er darauf, ein freier Mensch zu sein und zu bleiben – einer der wenigen in unserer Zeit.

Zweifellos hat niemand mehr für die Befreiung Indiens getan als Gandhi; keiner hat auch mehr zum endgültigen Zu-

sammenbruch des Britischen Weltreiches beigetragen. Noch zu Lebzeiten war es ihm vergönnt, eines seiner höchsten Ziele zu erreichen: er erhielt die Gewißheit, daß Indien, wenn vielleicht auch schlecht, so doch wenigstens von Indern regiert werde. Aber das Land, das aus der Unabhängigkeit hervorging, war geteilt. Die meisten Moslems lebten im abgetrennten Staat Pakistan, und selbst bei den Gebieten, die zur Schaffung des modernen Indiens verblieben, mußte Gandhi erkennen, daß »das von uns erträumte Gesellschaftssystem von der gegenwärtigen Kongreßpartei nicht verwirklicht werden kann«. Umgeben von Gewalt und zutiefst bestürzt über die überhandnehmende Korruption konnte er sich in diesen letzten Tagen der Jahre 1946 und 1947, in denen er vergeblich zwischen Hindus und Moslems zu vermitteln suchte, des Gefühls nicht erwehren, schließlich doch gescheitert zu sein.

Dieses Gefühl des Mißerfolgs, das Gandhi zum Zeitpunkt der Befreiung Indiens überkam, und ebenso die Enttäuschung derer, die das heutige Indien betrachten und es mit Gandhis Konzeption eines spartanischen Gemeinwesens regenerierter Dörfer vergleichen – beide Reaktionen sind verständlich, obgleich sie (was ich später versuchen werde zu beweisen) dem Gesamt seiner Leistung nicht gerecht werden. Gandhi war ein Politiker der Tat, der seine Theorien nach ihren Erfolgen beurteilte. Seine Ideen wurden von ihm in der Praxis erprobt, während die Praxis wiederum sein Denken formte; so konnte er von seiner Arbeit zu Recht als von einer Folge von »Experimenten mit der Wahrheit« sprechen.

Es war mehr ein lebensnahes Modell des Denkens und Handelns als ein abstraktes philosophisches System der Politik und Moral, das Gandhi hinterließ. Seine Schriften waren allerdings sehr umfangreich. Von seinen Anhängern pietätvoll gesammelt und nach seinem Tode in vollem Umfang ediert, füllen sie viele Bände. Aber fast alle waren Gelegenheitsarbeiten, häufig in den Atempausen zwischen aktiven Einsätzen für Propagandablätter niedergeschrieben. Sogar seine Autobiographie ›Meine Experimente mit der Wahrheit‹ erschien zuerst als Serie in einem solchen Blatt; sie sollte andere durch das Beispiel seiner eigenen aktiven Suche nach der Wahrheit ermuntern und unterstützen. Projekte und Theorien waren für ihn bedeutungslos, solange sie sich nicht in der Auseinandersetzung mit den Widerständen und Konflikten des Lebens bewährt hatten. »Ich suche meinen Frieden in der Wirrnis«, äußerte er einmal.

Gandhi war unter den großen aktivistischen Theoretikern, die in diesem Jahrhundert das Gesicht unserer Welt veränderten und unser Denken in neue Bahnen lenkten, der erste. Im Jahre 1894, neun Jahre bevor Lenin seine bolschewistische Fraktion innerhalb der russischen Sozialdemokratischen Partei aufbaute, und ein Vierteljahrhundert bevor Mao Tsetung die Revolution als eine permanente Lebensform proklamierte, begann Gandhi mit seiner Aktivität bei den Indern, die in Südafrika ein unterdrücktes Dasein als Kaufleute und Kontraktarbeiter fristeten. Aus den hierbei gesammelten und durchdachten Erfahrungen entwickelte er eine eigene Strategie, die den dortigen Verhältnissen angepaßt war. Im Jahre 1906, kaum drei Jahre nach dem Auftritt der Bolschewiken auf der Bühne der Weltgeschichte und ein Jahr nach der ersten russischen Revolution von 1905, verkündete er seine bahnbrechende Satjagraha-Kampagne des gewaltlosen Widerstandes als Mittel des sozialen Kampfes.

Satjagraha, gebildet aus den beiden Gudscharatiworten »Wahrheit« und »Kraft«, war eine aus der Aktion heraus entwickelte und zur Aktion führende Doktrin. Sie war das Produkt eines merkwürdig konkreten Verstandes, abgestimmt auf die unbeständigen Wechselbeziehungen zwischen Mensch und Mensch und zwischen Mensch und Welt. Als einer der wenigen Punkte, in dem die meisten Inder in ihrer Meinung über Gandhi übereinstimmen, wurde mir sein stark ausgeprägter Realismus genannt. Dies beruht nicht allein auf der Tatsache, daß es für ihn eine Frage des Prinzips war, Idee und Tat stets miteinander in Einklang zu bringen, auch nicht nur darauf, daß er es als unehrlich empfand, zu predigen, ohne das Wort in die Tat umzusetzen. Maßgeblich war auch, daß er Situationen mit dem Scharfblick des Juristen und zugleich mit der Schläue des indischen Bania (Kaufmanns) erfaßte, so daß er aufgrund seiner Beobachtungen Lösungen fand, die auf den ersten Blick ziemlich ausgefallen erscheinen mochten, sich jedoch letztlich als sehr praktisch und den Umständen angepaßt erwiesen.

Viele von Gandhis Vorschlägen, die auf Außenstehende absurd und schrullig wirkten und ihn für sie erst recht als eine Art von inspirierten Clown erscheinen ließen, waren in einem Indien, dem er zu Selbstachtung und Freiheit verhelfen wollte, durchaus vernünftig. Die Wiederbelebung der Heimspinnerei, eines Handwerks, das seit dem Ende des 19. Jahrhunderts von der Landbevölkerung nicht mehr ausgeübt wurde, ist weit mehr als ein Niederschlag seiner Liebe für das Altertümliche. Gandhi hat damit auf höchst wirksame Weise die Öffentlichkeit auf eine ganze Reihe verbesserungsbedürftiger Zustände aufmerksam gemacht: auf das effektive Aussterben des Handwerks in indischen Dörfern, auf den daraus resultierenden Mißstand, daß die Bauern vier Monate im Jahr beschäftigungslos waren, schließlich auf die erschütternde Tatsache, daß ihre Einkünfte so karg waren, daß selbst die in der stillen Jahreszeit durch Spinnerei verdienten paar Rupien eine wesentliche Aufbesserung ihres Einkommens bedeuten würden.

Eine im höchsten Grade von Vorurteilen freie Betrachtungsweise gab Gandhi des öfteren Gelegenheit, durch sein Verhalten die Vorurteile anderer abzubauen. Die wachsende Tendenz, der Unberührbarkeit in Indien ein Ende zu setzen, ist zum größten Teil das Werk Gandhis und seiner engsten Mitarbeiter. Als er im Jahre 1901 erstmalig am Indischen Nationalkongreß teilnahm, befand er sich in einer Gesellschaft von Kasten-Hindus, zu der keine Unberührbaren zugelassen waren. Die Latrinen, die traditionsgemäß von den unterhalb der Kastengliederung stehenden Unberührbaren gereinigt wurden, starrten vor Schmutz. Gandhi ließ es nicht bei der Kritik bewenden: er nahm eine Bürste und säuberte eigenhändig die Latrine, die er zu benutzen gedachte. Eine Geste, die vor 70 Jahren für Kasten-Hindus schon für sich allein eine Revolution bedeutete. Seither hat er sein Leben lang Latrinen gereinigt und damit nicht nur gegen die Unberührbarkeit und ihre demütigenden Folgen demonstriert, sondern mit diesem praktischen Beispiel gleichzeitig seiner Überzeugung Ausdruck verliehen, daß Hygiene (mit ihrer symbolischen Bedeutung von innerer Läuterung) für die Massen Indiens eine dringende Notwendigkeit sei.

Sinn für das Praktische, der ihm neuartige Techniken für revolutionäre Tätigkeit entwickeln half, sowie Vorurteilslosigkeit, die ihm Gefolgschaft und Anerkennung eintrug in einem Ausmaß, wie dies in dem durch Kastenwesen, Sprache und Religion zersplitterten Indien bisher nie dagewesen war – diese beiden Eigenschaften trafen sich in Gandhi zu einer glücklichen Verbindung mit einem ungewöhnlichen Instinkt für die suggestive Wirkung symbolischer Handlungen auf das menschliche Gemüt. Dazu kam ein, wie Nehru es nannte, »merkwürdiges Talent, im psychologisch richtigen Augenblick das Richtige zu tun«. Einige hundert Meilen durch den glühenden Staub indischer Landstraßen zu trampen – wie er es im Sommer 1930 tat –, um an einem entlegenen Küstenstrich eine Handvoll verbotenen Salzes aufzulesen und damit einem widersinnigen Gesetz zu trotzen: das war eine schlichte, poetische Geste, und doch hat keine bisher von einem Menschen vollbrachte Tat mehr zur Einigung des indischen Volkes beigetragen. Sie beschleunigte den Untergang eines Weltreichs.

Einen Großteil seines Einflusses verdankte Gandhi dem Umstand, daß er von vielen Indern als Heiliger angesehen wurde. Zwar bezeichnete er sich als Hindu, aber bei Gelegenheit äußerte er auch, daß er ebenso Christ, Buddhist und Jude sei. Bei den regelmäßig abgehaltenen Gebetsversammlungen, charakteristischen Bestandteilen seiner gewaltlosen

Kampagnen wie auch seines täglichen Lebens mit seinen Anhängern in den Aschrams, wurden Hymnen aller Religionen gesungen. Als Hindu war er in der Tat sehr unorthodox. Zeit seines Lebens war er um die Ausrottung des im Hinduismus verankerten Kastenwesens und der Kinderehen bemüht. Er war kein praktizierender Mystiker; niemals hat er sich auf innere religiöse Erfahrungen berufen – so sehr es ihn nach solchen verlangte. Aber manches in seinem Leben und Wirken bliebe unverständlich, wollte man seine beharrliche Forderung, daß auf der gemeinsamen Suche nach Wahrheit Politik und Religion nicht getrennt werden dürften, außer acht lassen. »Für mich«, sagte er, »ist Wahrheit Gott, und es gibt keinen anderen Weg zur Wahrheit als den der Gewaltlosigkeit.«

Wahrheit als Gott, das bedeutet natürlich das Absolute. Denn Wahrheit des Menschen kann immer nur relativ sein: wandelbar je nach der Art der Beziehungen der Menschen untereinander, sich entwickelnd, je mehr der Mensch zum Verständnis seinesgleichen, seiner Gegebenheiten und seines Selbst vordringt. Gandhi hatte nie im Sinn, eine starre, endgültige Doktrin aufzustellen. Die von ihm praktizierte Methode des *Aschima*, des Gewaltverzichts, wollte er ausdrücklich als reines Versuchsmodell verstanden wissen und seinen politischen Kampf und sein persönliches Leben als Teil einer unablässigen Suche nach Wahrheit, die sich im Dasein manifestiere, einer Suche, die nie enden kann, da das Absolute mit Menschenverstand nicht zu fassen ist.

Wahrheit als Endziel sowohl des politischen Handelns wie auch der religiösen Hingabe verstanden, dazu die Weigerung, Religion und Politik voneinander zu trennen, das sind die Faktoren, die Gandhis revolutionäre Ideen und Techniken von denen anderer zeitgenössischer Revolutionäre so deutlich unterscheiden. Im Gegensatz zu den Marxisten lehnte er jegliche Form deterministischer Geschichtsauffassung ab. Seiner Meinung nach hat der Mensch einen freien Willen und kann ihn nichts dazu bestimmen, zu tun, was er nicht will.

Mochte Gandhi auch noch so unorthodox sein, so befand er sich doch in Übereinstimmung mit dem traditionellen Schema des *Sannjasin* (Heiligen), der auf der Suche nach Wahrheit Enthaltsamkeit übt; er war der *Karma Yogin*, der Mann, der sich durch Tun läutert und nach Vollkommenheit strebt. Vielerlei Arten von Yogi-Disziplinen genießen in Indien den Ruf, Macht über das Schicksal auszuüben, und Gandhi glaubte, daß positives Tun – tätige Liebe und Gewaltlosigkeit – unmerklich die Menschen und damit auch die Ereignisse beeinflussen könne.

Auf Grund der Überzeugung, daß die Wahrheit sowohl Ziel als auch Prinzip des Handelns sein müsse (denn laut Gandhi war das erreichte Ziel Produkt der angewandten Mittel und damit von diesen praktisch nicht zu unterscheiden), war in Gandhis Vorstellung von einer Revolution kein Raum für verschwörerische Guerillamethoden. Alles hat offenkundig zu geschehen, denn der Leitgedanke der Satjagraha ist nicht nur, dem Feind entgegenzutreten, sondern ihn auch zu bekehren, ihn zu gewinnen, nicht, ihn zu verletzen. Gandhis Politik der offenen Revolution hatte es auf Breitenwirkung abgesehen; durch sie sollte die Freiheitsbewegung an die Masse des Volkes herangetragen werden und alle Schichten überall im Lande erfassen. Gleichzeitig aber stellte diese besondere Art gewaltloser Aktivität sehr hohe Anforderungen an den kleinen Kreis der »Freiwilligen« und militanten Aktivisten und verlangte eine Disziplin, die sich in ihrer Strenge mit der jeder Guerillabewegung messen konnte.

Die Indentität mit den Massen, dank der Gandhis Bewegung der zwanziger und dreißiger Jahre beim Volk wirksamer und in größerem Ausmaß »ankam« als jene der russischen Narodniki des 19. Jahrhunderts, war noch aus einem anderen Grunde von Bedeutung. Zwar ebenso wie die Marxisten und Anarchisten davon überzeugt, daß die Gesellschaft verändert werden müsse, bestritt Gandhi, im Gegensatz zu ihnen, daß es erst zu einem apokalyptischen Revolutionstag kommen müsse, um mit der Reform beginnen zu können. In Wirklichkeit, meinte er, hinge die politische Revolution von der Veränderung des gesellschaftlichen Systems ab und müsse mit dieser Hand in Hand gehen. Politische Freiheit könne nur – nicht anders als geistige Emanzipation – durch einen Prozeß der Selbstläuterung verwirklicht werden, und die Hindu-Gesellschaft müsse zunächst ihre Ungerechtigkeiten abstreifen, bevor sie sich von ihrer imperialistischen Vergangenheit wirklich lösen könne. Eine von Indern ausgeübte Herrschaft ohne Abschaffung des Kastenunwesens und ohne Neubelebung der Dörfer – einer Forderung, der acht von zehn Indern nachzukommen hätten – käme einer nur leicht abgewandelten Fortsetzung imperialistischer Herrschaft gleich.

Es ging jedoch nicht nur um die Veränderung der bestehenden Gesellschaftsform, um die Wiederbelebung dörflicher Einrichtungen und des ländlichen Handwerks, die Dezentralisierung des Verwaltungsapparats und die Lokalisierung der Behörden, um die Schaffung eines fundamentalen Bildungssystems, die Befreiung der Frau vom Schleier – obwohl all diese Punkte zu Gandhis offen bekundeten Aktionszielen gehörten. Gandhi rief zur totalen Revolution auf, und da nun einmal eine Gesellschaft nicht besser ist als ihre einzelnen Glieder, hat die Aufbauarbeit beim Individuum anzusetzen, was mindestens so wichtig ist wie die Umformung der Gemeinschaft. Diese Auffassung veranlaßte Gandhi, seine »Experimente mit der Wahrheit« auf alle Gebiete des Lebens auszudehnen, und auf dieser Ebene persönlicher Vervollkommnung begegnen wir nun auch jenen Anschauungen über Diät, Medizin und sexuelles Verhalten sowie jener leicht inhumanen Einstellung zu nahen menschlichen Beziehungen, von der sich westliche Betrachter oft abgestoßen fühlten und die selbst einem George Orwell das Eingeständnis »ästhetischen Widerwillens« gegen Gandhi abnötigte.

Wenn wir uns Gandhi vorstellen – wobei seine höchst anschauliche Selbstanalyse unserer Phantasie zu Hilfe kommt –, wie er sich Lehmumschläge auf den Leib legt, wie er sein Gewissen betrügt, indem er Ziegenmilch trinkt, weil er ein Gelübde abgelegt hat, keine Kuhmilch anzurühren, und wie er sein Gelübde des *Brahmacharja*, der geschlechtlichen Enthaltsamkeit, prüft, indem er als alter Mann das Lager mit seiner Großnichte teilt, dann liegt es nahe, ihn als Exzentriker abzutun, der zufällig auch ein politisches Genie war. Aber der innere Zusammenhang seiner persönlichen Schrullen mit seinen politischen Methoden erweist sich als durchaus logisch. Mit der unerbittlich durchgeführten Strenge gegen sich selbst erreichte er eine Disziplin, wie sie bei den Indern seiner Zeit nur selten anzutreffen war, was ihm wiederum erlaubte, seine politische Tätigkeit mit unerschütterlicher Zuversicht zu entfalten. Und wenn er auch ein schwieriger Ehemann, ein – im landläufigen Sinne – nachlässiger Vater und seinen Mitarbeitern gegenüber ein Moraltyrann war, so lassen sich diese – an der Norm gemessenen – Fehler als Manifestationen der Weltentsagungsdoktrin deuten, die er mit Hilfe religiöser Spekulationen beständig erhärtete und ebenso konsequent auf seinen politischen Kampf ausdehnte, damit dieser – wie in seinem Lieblingsbuch, der ›Bhagavadgita‹, Krischna dem Ardschuna einschärft – »ohne Rücksicht auf Erfolg oder Belohnung« ausgetragen werde.

In materieller Hinsicht hatte er Erfolg, wenngleich hin und wieder der Verdacht auftaucht, die »Früchte des Tuns« seien im Grunde einem beachtlichen geistigen Hochmut zu verdanken. Doch im ganzen gesehen müssen wir Orwells abschließendem Urteil beistimmen, der bei aller Kritik an Gandhis Theorien und Allüren zu dem Schluß kommt: »Einfach nur als Politiker gesehen und verglichen mit den anderen führenden Politikern unserer Zeit – welch sauberen Namen hat er doch hinterlassen!« Trotz seiner außergewöhnlichen politischen Fähigkeiten blieb Gandhi unbestechlich, in einem Land, in dem Politik und Korruption fast zu Synonymen geworden sind. Nicht nur, daß er in beispielhafter Armut lebte und es ablehnte, seine Familie aufgrund der traditionellen indischen Verwandtschaftsklausel zu begünstigen, er versagte sich sogar die Genugtuung, über seine Feinde zu triumphieren, bemüht, jedem Übereinkommen die äußere Form eines das Gesicht wahrenden Kompromisses zu geben. Das Bedeutsamste aber an ihm war, daß er, wenn auch immer sich ihm eine günstige Gelegenheit bot – sei es vor oder nach der Befreiung Indiens –, die Macht zu ergreifen, er sie stets verwarf. In dieser Hinsicht war er unter den Kolonialrebellen seiner Zeit – eigentlich unter den Revolutionären aller Zeiten – eine einmalige Erscheinung. Er gestand zwar, »eine Art von Anarchist« zu sein, aber es war mehr ein religiöser als ein politischer Impuls, der ihn von der Machtergreifung zurückhielt. Er wußte, daß unter den Umständen, unter denen die Befreiung Indiens gelang, Ahimsa, der Gewaltverzicht, mit politischer Machtausübung unvereinbar war.

Dies war der entscheidende Punkt, an dem Gandhi sich des Ausmaßes seiner Isolierung bewußt wurde inmitten der riesigen Gefolgschaft, die ihm sein Befreiungskampf zugeführt hatte. In seinem Kampf gegen die Briten hatte er bei den meisten Aktivisten nur deshalb Unterstützung gefunden, weil sich seine Taktik, die Unabhängigkeit mit einem Minimum an Blutvergießen zu erreichen, als sehr wirkungsvoll erwies und nicht etwa, weil sie die Prinzipien anerkannten, auf denen sich diese Methoden stützten. »Mein Glaubensbekenntnis ist Gewaltlosigkeit«, räumte er traurig in jenen Tagen ein, als der Sieg sich in eine persönliche Niederlage zu verwandeln schien, »dem Kongreß hat sie stets fern gelegen – ihm war sie nur ein politisches Mittel.«

Gandhis Ablehnung der politischen Macht hing mit seiner Weigerung zusammen, für die aus der gewaltlosen Revolution hervorgehende vermutliche Gesellschaftsform mehr als nur eben ein vorläufiges Programm zu entwerfen. Mit der Übernahme der Macht und der Führerschaft über andere würde er diese ihres guten Rechts berauben, selbständig »Experimente mit der Wahrheit« durchzuführen, und die Aufstellung starrer Richtlinien für eine Gesellschaftsstruktur der Zukunft hieße die Wandlungsfähigkeit der Suche nach Wahrheit, die dauernde Anpassung als notwendige Reaktion auf die wechselnden menschlichen Situationen leugnen.

Unterschied sich Gandhi von anderen Revolutionären – einige Anarchisten ausgenommen – schon durch seine Einstellung zur Macht und zur marxistischen Staatsidee, so gleichfalls durch seine Einstellung zur westlichen Zivilisation, deren Mechanismus und Materialismus er bereits 1909 in seinem Buch ›Hind Swaraj‹ anprangerte. Abgesehen von gewissen Anhängern Gandhis wie Vinoba Bhave und Jayaprakash Narayan haben fast alle großen Antiimperialisten dem Westen gegenüber eine ambivalente Haltung eingenommen, von der Generation Mao Tse-tungs und Ho Chiminhs über die erfolgreichen Repräsentanten der revolutionären Bewegungen in den Kolonien nach dem Zweiten Weltkrieg bis zur späteren Generation der Aufständischen der Dritten Welt, vertreten durch Che Guevara und Frantz Fanon. Sie lehnten die politische und wirtschaftliche Herrschaft des Westens ab; gleichzeitig jedoch verwarfen sie die traditionsgebundene Lebensweise ihrer eigenen Völker, vor allem die religiösen Elemente, das Fundament der alten Kulturen Asiens und Afrikas, und ersetzten sie durch westliche politische Formen und westliche Technologien. Es ist ein tragisches Paradoxon der jüngsten chinesischen Geschichte, daß die Herausforderung des Westens durch China das Ergebnis einer im Lande stattfindenden Unterwerfung unter westliche Methoden ist; ein ähnlicher Vorgang ist auch in anderen, von der imperialistischen Herrschaft befreiten Ländern mit revolutionären Regierungen zu verzeichnen.

Von dieser Art Kapitulation vor dem Westen bildet Indien in gewisser Hinsicht eine Ausnahme. Einesteils sind die gehobenen Schichten, die großen Städte, das Militär und der Verwaltungsapparat verwestlicht. In den breiten Volksschichten jedoch wurde dieser Prozeß durch eine Vielfalt von Gegenkräften hinausgeschoben: durch den festverwurzelten

Konservativismus der Landbevölkerung, durch die Spannkraft des hinduistischen Pluralismus und nicht zuletzt durch den über den Tod hinaus wirksamen Einfluß Gandhis, der als einziger unter den kolonialen Revolutionären in den Westen ging und unbekehrt zurückkam. Denn obgleich Gandhi in seinen Jahren außerhalb Indiens viel gelernt hatte und Ruskin, Tolstoj und Thoreau zu seinen geistigen Vätern zählte, nahm er von ihnen nur so viel an, wie ihn zur Bekräftigung seines eigenen Glaubens nützlich dünkte, um bei seiner Rückkehr mit Hilfe westlicher Erkenntnisse die Quellen der eigenen Tradition wiederzuentdecken, aus denen er die Kraft schöpfte, die ihn für die Wünsche der Armen Indiens so empfänglich und als Führer im Befreiungskampf so erfinderisch machte.

Wurde die von Gandhi entwickelte Strategie auch aus dem Geiste indischer Tradition gespeist und stets den jeweiligen indischen Verhältnissen angepaßt, so war sie doch keineswegs ausschließlich asiatisch geprägt. Gandhi war im gleichen Maße politischer und religiöser Pluralist; nicht geringer als sein Bemühen um einen Glauben, der für Christen ebenso annehmbar sein müßte wie für Hindus, war sein Bestreben, eine weltweit anwendbare politische Methode zu finden. Dieser Mangel an Ausschließlichkeit in religiöser wie nationaler Hinsicht war es, der ihm die Feindschaft chauvinistischer und fremdenfeindlicher Kreise eintrug und der schließlich zu seinem Tode führte. Niemals, auch nicht auf dem Höhepunkt seines Kampfes gegen die Briten, verließ ihn die Hochachtung für englische Denker und englische Institutionen, und er weigerte sich, die Möglichkeiten des Dialogs mit jenen zu verschütten, die er ohne Bitterkeit und Ressentiment bekämpfte. Und der Dialog war erfolgreich: Gandhis größte Leistung war jene Bekehrung der Briten, die ihren imperialistischen Herrschaftswillen stetig und unmerklich schwächte – bis er schließlich zum Nullpunkt herabsank.

Spätere Ereignisse, vor allem die amerikanische Bewegung des passiven Widerstands (civil disobedience) Anfang der sechziger Jahre, haben gezeigt, daß die von Gandhi vertretenen und entwickelten Methoden des gewaltlosen Kampfes in ihrer Anwendbarkeit weder an eine bestimmte Zeit noch an einen bestimmten Ort gebunden sind; sie können in einer technologischen Gesellschaft ebenso wirksam angewandt werden, wie im Indien der dreißiger Jahre, in einer Welt, die kaum erst dem Stadium des Mittelalters unter mogulischer Herrschaft entwachsen war. Will man den dunklen Mächten der Gewalttätigkeit, die in jüngster Zeit für die radikalen Bewegungen im Westen und in der Dritten Welt bezeichnend sind, eine brauchbare Alternative entgegenstellen, so bieten sich bei der Suche nur wenige Wege an, die lohnen; einer davon ist die – anderen Zeiten und Verhältnissen angepaßte – Fortführung von Gandhis »Experimenten mit der Wahrheit«. Der Wert und die Bedeutung dieser Experimente beruhen auf ihrer Beziehung zum menschlichen Dasein; sie gewinnen höchste Bedeutung, wenn wir sie vor dem Hintergrund von Gandhis Leben betrachten, in dem sie entwickelt und in die Tat umgesetzt wurden. Mit dieser Wechselwirkung von Idee und Tat wird sich dieses Buch befassen.

2. Kapitel

Das Gebiet von Gudscharat, bekannt unter dem Namen Kathiawar, ist noch heute ein abgelegener, wenig besuchter Teil Indiens, im Nordwesten begrenzt durch die großen Salzsümpfe des Ran von Katsch, im Süden und Osten durch den Ozean und den Golf von Kambay und im Nordosten durch die gebirgige Wüste von Radschasthan. Dort leben noch die letzten Löwen Indiens, und zwischen den Berghängen glitzern die geheiligten Marmorstädte der Dschainas (Jaina) hervor. Als Mohandas Karamchand Gandhi am 2. Oktober 1869 in der Küstenstadt Porbandar geboren wurde, war Kathiawar ein Labyrinth kleiner Fürstentümer, über zweihundert an der Zahl, von der Größe weniger Morgen Landes bis zu einem Umfang von Hunderten von Quadratmeilen, dicht auf der Halbinsel zusammengedrängt. Zusammengenommen machten sie mehr als ein Drittel aller Staaten Indiens aus, und jeder ihrer Herrscher hatte die Macht über Leben und Tod seiner Untertanen und entfaltete das Gepränge eines souveränen Miniaturstaates.

Gandhis Vater, Karamchand Gandhi, war der Premierminister von Porbandar. Die Gandhis gehörten der Händlerkaste, einer Unterabteilung der Banias, an; ihr Name bedeutet »Krämer«, aber bereits seit Generationen hatten sich die Familienoberhäupter in der Winkelpolitik verschiedener größerer Staaten Kathiawars als hohe Beamte bewährt. In religiöser Hinsicht waren sie ein Spiegelbild der in diesem Winkel Indiens anzutreffenden unüblichen Mischung aus Glaubensbekenntnissen und Kulturen, der Dschainas, Hindus und Moslems – einer Ansammlung von Relikten weit zurückliegender Seereisen arabischer Handelsleute und dem

Exil derer, die aus Furcht vor den Mogulherrschern Delhis geflüchtet waren.

Karamchand und seine Frau Putlibai waren beide gläubige Anhänger des Wischnukultes, aber Putlibai entstammte einer kleinen, als Pranamis bekannten Sekte, in der Hinduismus und Islam derart miteinander verquickt waren, daß in ihren Tempeln, in denen es keine Idole gab, dem Koran und den Heiligen Schriften der Waischnawas (Wischnu-Anhänger) die gleiche Ehrerbietung entgegengebracht wurde. Friedvolle Toleranz unter den Anhängern aller Glaubensrichtungen war einer der Grundsätze der Pranamis, auch eine einfache Lebensweise, verbunden mit striktem Vegetarismus, Verzicht auf Alkohol und Tabak und der Einhaltung periodischer Fastenzeiten. So haben sich bereits in frühester Kindheit die Einflüsse abgezeichnet, die Gandhi letztlich dazu führten, seine Wahrheiten in allen Religionen zu suchen und in der Abtötung des Fleisches die zur Stärkung seines Willens nötige Disziplin zu erlangen.

Außer den Pranamis waren in Kathiawar auch noch die Dschainas in großer Zahl vertreten und geachtet, sie verkehrten zwanglos mit den ortsansässigen Waischnawas. Viele von Karamchand Gandhis Freunden und einige seiner geistigen Berater waren Dschainas, und in diesem Kreis hörte Gandhi als Kind zum ersten Mal von der Bedeutung des *Ahimsa* und daß dieser Begriff – nach dem Glauben der Dschaina – vor zweitausendfünfhundert Jahren von ihrem Religionsstifter Mahawira ins Leben gerufen worden sei. In der Tat ist die Ahimsa-Doktrin sowohl dem Buddhismus wie auch dem Hinduismus und Dschainismus gemeinsam, und es ist durchaus möglich, daß sie aus einer Zeit vor der Trennung der drei Religionen stammt. *Himsa* bedeutet schädigen, *ahimsa* anderen Geschöpfen keinen Schaden zufügen. Eins ist sicher: Wer auch immer den Begriff des *Ahimsa* gebildet haben mag – die Dschainas waren jedenfalls diejenigen, die ihn weitgehend ausgebaut haben. Mahawira beschränkte sich in seiner Auslegung des Ahimsa (Gewaltverzicht) nicht nur auf dessen Anwendung auf Mensch und Tier, sondern dehnte ihn auch auf Erde, Wasser, Feuer und Wind aus, die er als Lebewesen betrachtete und die man – wie er seinen Anhängern einschärfte – so wenig wie nur irgend möglich beeinträchtigen dürfe. »Derjenige, der ein Feuer entfacht«, heißt es in den Heiligen Schriften der Dschainas, »tötet lebende Wesen. Derjenige, welcher es auslöscht, tötet das Feuer. Deshalb sollte ein Weiser, der das Gesetz achtet, kein Feuer anzünden.« Porbandar war eine Welt, in der solche Grundsätze mit Ehrfurcht aufgenommen wurden und wo dschainistische Mönche eine Binde vor dem Mund trugen, um das Einatmen mikroskopischer Lebewesen zu vermeiden.

Diese grundlegenden frühen Einflüsse drangen jedoch damals kaum in Gandhis Bewußtsein ein. Er schenkte ihnen so wenig Beachtung, daß er nicht einmal die ›Bhagavadgita‹, dieses großartige Lehrgedicht, das seine Mutter kannte und liebte, in der Urfassung kennenlernte. Erst in England und in englischer Sprache hat er viele Jahre später diese Dichtung und ihre Nähe zu seinen eigenen Anschauungen entdeckt, zu dem Gebot nämlich, ein tätiges Leben zu führen ohne Rücksicht auf die Früchte der Taten.

Gandhi war ein schwerfälliger und schüchterner Junge, ein typischer Spätentwickler, der ohne Auszeichnungen die Schule in Radschkot absolvierte, wo sein Vater zum Ministerpräsidenten ernannt worden war. Als Kind dreimal verlobt (zweimal ohne sein Wissen), wurde er dreizehnjährig mit der gleichaltrigen Kasturbai verheiratet und lebte in einem Traum sinnlicher Liebe, aus dem er erst erwachte, als er eines Nachts, um das Lager seiner Mädchen-Frau zu teilen, vom Krankenbett seines Vaters geeilt war und dieser in seiner Abwesenheit starb. Die Erinnerung an diesen Augenblick menschlichen Versagens verfolgte Gandhi, machte ihn zum eingeschworenen Feind der Kinderehe und bewirkte seine totale Abwendung vom Sexuellen bis an sein Lebensende.

Karamchand Gandhi hatte immer gehofft, in einem seiner

Söhne einen Nachfolger für das Amt des Ministerpräsidenten zu finden, und seine Wahl fiel auf Mohandas. Aber die Schulzeugnisse des jüngsten Gandhisohnes blieben bis zum Abschluß so mangelhaft, daß die Aussicht, einen akademischen Grad – selbst auf einer indischen Universität – zu erlangen, nur sehr gering war. Mit Ach und Krach hatte er zwar das Abitur bestanden, aber sein einziges Semester am Samaldar College war ein totaler Mißerfolg. Die Familie war sich darüber einig, daß die einzige Chance für einen solchen Schwachkopf darin bestand, ihn nach London zu schicken und am Inner Temple Jura studieren zu lassen; es war allgemein bekannt, daß die Examen dort so leicht waren, daß selbst der dümmste Student durchkam.

Einem Aufenthalt in England sah Gandhi teils mit Bangen, teils mit freudiger Erwartung entgegen. Im Gegensatz zur städtischen Bevölkerung Britisch-Indiens bekamen die Menschen der Eingeborenenstaaten Engländer nur selten zu Gesicht und neigten infolgedessen dazu, diese zu glorifizieren. Gandhi war Engländern bisher nur in ihrer furchterregenden Eigenschaft als Schulinspektoren begegnet und als Vertretern der Regierung, die in den Staatsgeschäften von Porbandar und Radschkot unergründliche Machtbefugnisse besaßen und seinem Vater, dem Ministerpräsidenten, das Leben schwer machten. Als indischer Junge in einer Zeit des aufkeimenden Patriotismus aufgewachsen, war er über ihre Gegenwart in seinem Lande erbost. Andererseits jedoch bewunderte und beneidete er sie, vor allem um ihre Statur und ihre körperlichen Kräfte. Angeregt durch den – wortwörtlich genommenen – Vers des Gudscharati-Dichters Narmad

> Behold the mighty Englishman,
> He rules the Indian small,
> Because being a meat-eater
> He is five cubits tall.

Sieh' den gewaltigen Englischmann,
Der macht dem kleinen Inder bang,
Nur weil er ißt viel Fleisch und Soß,
Ist er mehr als fünf Ellen groß

ließ er sich sogar von einem Schulkameraden, der Moslem war, dazu verleiten, die Waischnawagebote zu übertreten, indem er an heimlichen Gelagen teilnahm, auf denen Ziegenfleisch und Bäckerbrot gegessen wurde. Sein Abfall vom Vegetarismus war nur eine kurze Episode, die nicht wiederholt wurde, aber die von den Engländern ausgehende Faszination blieb (so wie sie jetzt noch, ein Vierteljahrhundert nach der Unabhängigkeit, in vielen indischen Gemütern weiterspukt und -wirkt). Der feste Wille Gandhis, die große Reise in die Heimat der Engländer anzutreten, wurde auf die Probe gestellt, als er sich – nach widerstrebender Einwilligung seiner Mutter – vor den Kastenältesten, den Modh Banias, verantworten mußte. Niemals zuvor habe ein Modh Bania das große Wasser überquert, und wenn er dies täte, so warnten sie ihn, würde er aus der Kaste ausgestoßen werden, und kein Kastenbruder würde mehr mit ihm verkehren oder ihm behilflich sein dürfen. Gandhi entschied sich für die Exkommunikation. Es war seine erste Absage an irrationale autoritäre Einschüchterung. Im September 1888, 19 Jahre alt und vor kurzem Vater geworden, schiffte er sich in Bombay ein, das Handgepäck voller Süßigkeiten, die sein Hauptnahrungsmittel während der Reise waren. Seine Mutter hatte der Reise nur unter der Bedingung zugestimmt, daß er ein Gelübde ablege, keinesfalls die Engländer zu imitieren und Fleisch zu essen.

Dafür hat er sie freilich in so ziemlich allen anderen Dingen imitiert, und das mit einer Gründlichkeit, die später einmal ganz andersgearteten Dingen zugutekommen sollte. Es bedürfte der ironisierenden Feder eines Kenners indischer Mentalität, etwa eines Narayan oder Naipaul, um mit einer rührenden Schilderung Gandhis Debüt in England gerecht zu werden. Seine Ankunft im Viktoria-Hotel, an einem späten Herbsttag, im weißen Flanellanzug, war der Auftakt zu einer, mit komisch-feierlicher Sorgfalt verbrämten Beflissenheit, es zum vollendeten Englishman zu bringen. In der Bond Street kaufte er sich für zehn Guineas einen schwarzen Rock mit gestreifter Hose und für neunzehn Schilling einen Zylinder, dazu einen Spazierstock mit silbernem Knauf. Er nahm Unterricht in Rhetorik und Französisch, im Tanzen und Geigenspiel. Er sang alle Schlager mit und verwickelte sich in, wenn auch nicht ausweglose, so doch verzwickte Situationen mit zielstrebigen Frauen (denen er versäumt hatte mitzuteilen, daß er bereits verheiratet sei). Diese Periode modischen Stutzertums, in der er seinen Freunden zu imponieren suchte, nahm ein Ende, als sein Geld knapp wurde und sein gesunder Menschenverstand die Oberhand gewann. Er verkaufte seine Geige, sagte seine Unterrichtsstunden ab und begab sich auf die Suche nach den wesentlicheren Elementen des englischen Lebens. Dabei machte er die erstaunliche Entdeckung, daß es ihm erstmalig den Einblick in den Reichtum der indischen Tradition vermittelte, die ihm daheim in Kathiawar nichts bedeutet hatte.

Der einzig unversehrt gebliebenen Bindung an indische Lebensweise hatte er es zu verdanken, daß er mit der englischen Minorität der Linksliberalen und Reformer in Berührung kam, Menschen, unter denen er sich heimisch fühlte und von denen er lernen konnte. Welchen Versuchungen er auch immer ausgesetzt und wie weit er ihnen in seiner Arglosigkeit auch unterlegen war – niemals hat er das vor seiner Mutter abgelegte Gelöbnis gebrochen: er hatte in der ersten Zeit seines Londoner Aufenthalts vielerlei Unannehmlichkeiten, ja sogar ein wenig Hungern auf sich zu nehmen, weil er sich konsequent weigerte, Fleisch zu essen. Diese Schwierigkeiten endeten, als er eines Tages zufällig die Farringdon Street entlang ging und dort ein vegetarisches Restaurant entdeckte. Damit hatte er den Schlüssel in der Hand, um die

Dialektik von Idee und Aktion in Gang zu setzen, die ihn sein ganzes Leben hindurch begleiten sollte.

In dem Restaurant lag Literatur aus. Eines dieser Bücher war ›Bekenntnis zum Vegetarismus‹ von H. S. Salt, einem Freunde George Bernard Shaws und Edward Carpenters, einem romantischen Anarchisten à la William Godwin. Salts Buch war für Gandhi eine Offenbarung, denn er fand darin die rationale Bestätigung jener Lehren, die sein halbwacher Geist in der Kindheit in Form von Mythos und religiösen Geboten aufgenommen hatte. Die diätetischen Übungen mit denen er, durch Salt angeregt, begann, waren eines seiner ersten »Experimente mit der Wahrheit«, der Anfang jener wohldurchdachten Disziplin des Handelns, die dereinst in der spartanischen Lebensweise des erhabenen *Satjagrahi* gipfeln sollte (spartanisch in allem – bis auf die Gewalt). Er traf sich mit Salt und wurde, von ihm ermuntert, aktiver Mitarbeiter vegetarischer Vereine; es war seine erste öffentliche Tätigkeit. Er litt allerdings noch an so qualvoller Schüchternheit, daß er auf Versammlungen andere bitten mußte, seine Niederschriften und Anträge vorzulesen.

»Eine der bedeutsamsten Tatsachen in Gandhis Leben und Berufung«, schreibt Thomas Merton in seinem Essay ›Gandhi und der einäugige Riese‹, »war seine Entdeckung des Ostens durch den Westen«. Eine Erfahrung, die er in gewisser Weise mit ganz Indien teilte, denn dank der Initiative europäischer Gelehrter im 19. Jahrhundert kam es zu einer Renaissance der alten indischen Geschichte; man wandte sich dem eingehenden Studium der Sanskritliteratur zu, die indischen Dialekte wurden gewürdigt und zu Schriftsprachen erhoben. Vielleicht ist tatsächlich das größte Geschenk, das die Briten Indien machten, seine Vergangenheit, die, bevor sie kamen, in der Pseudogeschichte der Brahmanen untergegangen war. In Gandhis Fall war das Geschenk von geradezu dramatischer Unmittelbarkeit. Er ging nach England, um die Quellen des Wissens zu erkunden, aus denen die Engländer ihre Macht schöpften. Stattt dessen gewann er zum ersten Mal tieferen Einblick in die uralten Weisheiten Asiens.

Nach fast zweijährigem Aufenthalt in England kam er mit den Theosophen in Berührung. Die Werke ihrer Prophetin, Madame Blavatsky, machten nur einen flüchtigen Eindruck auf ihn, aber von ihren Anhängern darauf hingewiesen, las er zum ersten Mal jenes klassische indische Werk, das später für ihn zu »dem Buch par excellence zur Erkenntnis der Wahrheit« werden sollte.

Es war die ›Bhagavadgita‹ in der englischen Übersetzung von Sir Edwin Arnold. Eine eigene Übersetzung der Gita aus dem Sanskrit ins Gudscharati sollte Gandhi zu einem späteren Zeitpunkt vorlegen und zwar in einer Version, die von keinem Indologen anerkannt wurde und auf heftigen Protest seitens der Patrioten stieß, die die Befreiung durch Gewalt befürworteten. Da die große Schlacht von Kurukschetra, an deren Vorabend Krischna in der ›Bhagavadgita‹ seine Lehre verkündet, jeglichen historischen Hintergrundes entbehre, so argumentierte er, sei das ganze ›Mahabharata‹-Epos sinnbildlich als ein spiritueller Kampf aufzufassen; daß Krischna, wenn er in dem eingefügten Gesang zu Ardschuna spreche, nicht beabsichtige, einen Kschatrija an seine Pflicht als Krieger zu erinnern; er wolle vielmehr die Menschen lehren, den Wert der Nicht-Bindung an irdische Dinge zu erkennen und die Notwendigkeit, ohne Nützlichkeitserwägungen zu handeln.

Gandhi las auch Arnolds umfangreiche Dichtung ›The Light of Asia‹, aus der er zum ersten Male Näheres über das Leben und die Lehren Buddhas erfuhr. Dann begann er mit dem Studium der Bibel. Das Alte Testament stieß ihn ab, während ihn das Neue Testament tief beeindruckte. Gleichzeitig las er Thomas Carlyles ›Mahomet‹ und bewunderte die spartanische Lebensweise des Propheten. Er begann im Geiste nach einer Synthese der Lehren des Christentums, des Buddhismus, des Islams und des Waischnawa-Hinduismus zu suchen und fand das allen gemeinsame Prinzip die Idee der Entsagung. »Ich aber sage euch, daß ihr nicht widerstreben sollt dem Übel« – dieses Gebot der Bergpredigt war für ihn von besonderer Anziehungskraft, und er sollte ein ganzes Leben daran verwenden, dessen tieferen Sinn auszuschöpfen. Die christliche Moral hat ihn damals so fasziniert, daß er, wie er viele Jahre später bekannte, zwischen Christentum und Hinduismus schwankte. »Als ich mein seelisches Gleichgewicht wieder erlangte, kam ich zu der Gewißheit, daß ich mein Heil allein in der Hindureligion zu suchen habe, und mein Glauben an den Hinduismus gewann an Tiefe und Klarheit.« Aber es war ein Hinduismus, der mit der christlichen Lehre von der Gleichheit aller Menschen in Berührung gekommen war. Wie Erik H. Erikson in seiner Psychobiographie ›Gandhi's Truth‹ vermerkt, »verließ er England – mehr Inder als zuvor«. Im Jahre 1891 bekam er seine Zulassung als Rechtsanwalt und unmittelbar darauf schiffte er sich heimwärts nach Bombay ein.

Die drei Jahre in London waren für Gandhis geistige Entwicklung zwar wichtig, aber nicht unbedingt entscheidend gewesen. In England lernte er die asiatischen Texte kennen, die ›Bhagavadgita‹ und die Bergpredigt, die für seine Philosophie der Tat richtungweisend und von größter Bedeutung werden sollten; aber erst später, als er unter den Indern Südafrikas, aber zum Teil noch in englischer Atmosphäre arbeitete, begegnete er den westlichen Autoren, die ihn in seiner Idee der gewaltlosen Aktion bestärkten und seinem Entwurf zur Sanierung der Gesellschaft die konstruktive Basis lieferten.

Der erste war Lew Tolstoj, dessen Schrift ›Das Reich Gottes ist in uns‹ er im Jahre 1893 las. Mit beredten Worten verkündet Tolstoj die Lehre gewaltloser Aktion, ohne sie jedoch selbst in die Tat umzusetzen, der pazifistische Anarchismus blieb in seinen und seiner Anhänger Händen eine unentwickelte, da unerprobte Doktrin. Erst Gandhi verwirklichte durch die Tat, was Tolstoj in Worten verfocht. Und auch, was die Lehren anbelangt, die der Maler und Sozialreformer

John Ruskin in ›Unto this last‹ entwickelte und die, wie Gandhi bemerkt, »mich packten und mich veranlaßten, mein Leben zu ändern«, war es Gandhi, der, weit mehr als der Autor selbst, für sie eine praktische Anwendung fand.

Wurde Tolstoj der Mentor für Gandhis Entwicklung der Theorie und Praxis gewaltloser Aktion, später von ihm »Satjagraha« genannt, so war es Ruskin, dem er die Erkenntnis verdankte, daß in einem die Realität der Arbeitswelt verdrängenden Gesellschaftssystem Gewaltlosigkeit so gut wie undurchführbar sei. Wenn Gandhi in späteren Jahren jene drei Persönlichkeiten benannte, die den stärksten Einfluß auf ihn ausgeübt hatten, war die westliche Welt durch Tolstoj und Ruskin vertreten. Die dritte war ein guadscharatischer Juwelier, ein kontemplativer Waischnawa-Philosoph namens Raychandbai, Gandhis im indischen Sinne Guruähnlichste Beziehung, die er je hatte, und dessen Existenz höchstwahrscheinlich im Dunkel geblieben wäre, hätte Gandhi ihn nicht gekannt. Ein anderer Schriftsteller, zu dem sich Gandhi beinah ebenso stark wie zu Tolstoj und Ruskin hingezogen fühlte, war Henry David Thoreau, den er jedoch nicht zu denen rechnete, die seine Gedankengänge primär beeinflußt haben; in der Tat ist das, was Gandhi Thoreaus ›On Civil Disobedience‹ zu verdanken hat, insofern stark übertrieben worden, als Gandhi bereits eine zivile Ungehorsamsbewegung in großem Maßstab ins Leben gerufen hatte, als er 1907 den Essay in einem südafrikanischen Gefängnis las und in dessen Autor einen Vorläufer erkannte.

Sogar Tolstojs und Ruskins Einfluß kann überschätzt werden, und Gandhi selbst neigte dazu, teils aus grundsätzlicher Bescheidenheit, weil es ihm widerstrebte, die Anerkennung seiner Leistungen für sich allein in Anspruch zu nehmen. Mit der allgemeinen Idee des Nicht-Widerstandes hatte Gandhi sich schon befaßt, bevor er Tolstoj las, und Tolstoj hat mit seinen leidenschaftlichen Argumenten lediglich die ursprüngliche Idee bekräftigt und zu einer Überzeugung werden lassen. Was Ruskin anbelangt, so hat Gandhi, als er in

›Meine Experimente mit der Wahrheit‹ zusammenfaßte, was ihm die Lehren von ›Unto this last‹ bedeutet hatten, weit mehr hineinprojiziert, als was vom Autor klar ausgesagt worden war und zwar

1. daß das Wohl des einzelnen vom Wohl aller abhängig ist;
2. daß die Arbeit eines Rechtsanwalts denselben Wert hat wie die eines Baders, da allen das gleiche Recht zusteht, ihren Lebensunterhalt durch ihre Arbeit zu bestreiten;
3. daß ein Leben der Arbeit, z. B. das eines Ackerbauers und eines Handwerkers das wirklich lebenswerte Leben ist.

Nur der erste dieser Gedanken ist in ›Unto this last‹ klar ausgedrückt. Die andern sind bestenfalls unausgesprochen darin enthalten. Doch zu dem Zeitpunkt, als Gandhi auf Ruskins Buch stieß, war er für die Botschaft prädisponiert, die er in ›Unto this last‹ glaubte gefunden zu haben; ihm wurde jetzt klar, daß das Leben eines erfolgreichen Rechtsanwalts – der er seit 1904 war – mit der Berufung zum sich ganz der Sache widmenden gewaltlosen Revolutionär nicht zu vereinbaren war. Ruskins Bedeutung bestand darin, daß Gandhi sich durch ihn gerechtfertigt sah, dem Antrieb zum Lebensstil seiner späteren Jahre auch wirklich zu folgen; so, wenn etwa handwerkliche Arbeit die Atempausen politischer Aktivität und des gemeinschaftlichen Lebens mit seinen Anhängern ausfüllte, in Siedlungen, in denen sich westliche Hygiene, Ordnung und Tüchtigkeit mit den Essensgewohnheiten, den häuslichen Sitten und den religiösen Übungen Asiens verbanden.

Nun war Gandhi gewiß nicht übermäßig belesen, woraus sich zum Teil erklären läßt, wieso gerade unbedeutendere Werke Tolstojs und Ruskins für ihn von so großer Bedeutung waren. Alle Bücher, die ihn beeinflußten, las er in der ersten Hälfte seines Lebens, und er entnahm ihnen nur einige wenige allgemeine Ideen; diese in die Tat umzusetzen, verbrachte er den Rest seines Lebens. Ähnlich verhält es sich mit seinen Schriften. Da gibt es ein paar scharfsinnige Maximen, einige kühne schöpferische Einfälle, die herausragen aus endlosen Wiederholungen und Variationen begrenzter Themen – das Werk eines Mannes, der im Strom eines bewegten, arbeitsamen Lebens für einfache Leser einfach schreibt. Hätte Gandhi nicht das vollbracht, was er vollbracht hat, gäbe es kaum einen Grund, ihn zu lesen; seine Schriften sind Randbemerkungen zu einem kämpferischen Leben.

Bald nach seiner Rückkehr aus dem Westen nahm dieses Leben allmählich seine spezifische, durch ein Zusammentreffen von Umständen in Indien und Südafrika bedingte Form an: Gandhi war sich der Rolle bewußt geworden, die die Vorsehung – davon war er überzeugt – ihm zugedacht hatte.

3. Kapitel

»Nationale Befreiung« und »soziale Revolution« sind als Kategorien zu eng, um in vollem Umfang zu erfassen, was sich mit Gandhis Leben der Tat vollzog und daraus entwickelte. Sein Interesse galt keinesfalls in erster Linie der Schaffung einer indischen Nation oder der Abschaffung der Armut. Nationalismus im einengenden Sinne war ihm sogar zuwider, und er bemühte sich, seinen Landsleuten klarzumachen, daß sie, einmal vollwertige Inder, damit auch zu Weltbürgern würden, frei von exklusiven Verbindlichkeiten der Rasse, des Glaubens und der Klasse. Weit davon entfernt zu wünschen, die Menschheit möge von der Armut erlöst werden, lehrte er, daß freiwillige Armut auf der Basis bewußter Loslösung von materiellen Belangen der glückseligste aller menschenmöglichen Zustände sei.

Sein ganzes Ringen galt – wie unterschiedlich auch immer das jeweils angestrebte Ziel sein mochte – grundsätzlich der Qualität des Lebens. Er suchte die Menschen frei zu machen, und unter Freiheit verstand er eine individuelle, selbst gewählte Lebensweise – ob in religiöser oder nationaler Hinsicht. Aber Freiheit und Würde implizierten Achtung vor der Freiheit und Würde anderer, so daß Gandhi letzten Endes eher Universalist als Nationalist war.

Nun ist das Universale oft die Ergänzung des ausgeprägt Besonderen oder Individuellen und in Gandhis Fall war seine öffentliche Tätigkeit stets auf das einfache persönliche Ziel gerichtet, in dessen Dienst er sein Leben gestellt sah. Dieses Ziel hieß »Mokscha«, die enge Vereinigung mit dem Göttlichen, die Entlassung aus dem Zyklus der Wiedergeburten. Als Karma Yogi hatte er den Weg des Tuns als den Pfad der Erleuchtung gewählt (oder Gott hatte ihn ihm, wie er manchmal äußerte, gewiesen), und dieses Leben der Hingabe, mit all jenen komplizierten »Experimenten mit der Wahrheit« kann, wie das aller Heiligen, im Endeffekt als eine grenzenlose Selbstaufopferung angesehen werden. Da nun aber Selbstabtötung in Wirklichkeit ein ich-betonter Prozeß ist, wäre es gar nicht so abwegig, Gandhis Leben als ein großes Drama anzusehen, in dem er – Publikum und Agierender zugleich – die Ereignisse derart geschickt zu beeinflussen wußte, daß er auf der Bühne der Entsagung stets im Mittelpunkt blieb. Denn eine Bühne war es in der Tat; in Gandhis letzten fünfundfünfzig Lebensjahren gab es nur wenig Privates. Ob auf seinen berühmten Märschen, ob in seinen »Aschrams« (den Stätten gemeinsamen religiösen Lebens), ob in den Hütten der Unberührbaren oder in den Luxusdomizilen der Millionäre, wo er sich in regelmäßigen Abständen niederließ – überall spielte sich sein Leben in der Öffentlichkeit ab, und die ganze Welt bildete eine große, von ihm durch keine Mauer getrennte Familie. Er machte sich den Hang der Inder zum »Darschan« zunutze, dem Glauben, daß sich der Segen durch den bloßen Anblick eines Mahatma überträgt, um die Zuhörerschaft für sich zu gewinnen. Und er benutzte die Presse, um vor der Welt Bekenntnis abzulegen über große und kleine Dinge, über seine verborgensten geistigen Sehnsüchte und über solche Trivialitäten wie die des Bettes und des Aborts. Unablässig offenbarte er sich durch Taten, Reden, Gedrucktes und zum Schluß sogar über den Rundfunk, und ebenso konstant entzieht sich uns das Innerste seines Wesens – wie vielleicht auch ihm selbst. Auf welche Weise er wohl – wäre er ein halbes Jahrhundert später geboren – das Fernsehen rigoros zum Medium seiner spöttelnden, qualvollen Offenheit gemacht hätte, bleibt der Phantasie überlassen.

Räumen wir Gandhi dieses Moment sublimierter Selbstaufzehrung ein und vergegenwärtigen wir uns, daß er sich in seiner Leidenschaft für die ›Bhagavadgita‹ im Geiste mit Ardschuna, dem lautersten aller indischen Mythenhelden, identifizierte (so wie er sich in den Kinderjahren als Harischchandra, den getreuen Prinzen sah), dann liegt die Vermutung nahe, daß die beiden kritischen Ereignisse, die ausschlaggebend dafür waren, daß er den Weg des aktivistischen Rebellen einschlug, Vorkommnisse aus der Zeit seines frühen Mannesalters gewesen sein müssen und zwar solche, in denen er, als Opfer, die zentrale Figur spielte und deren Konsequenz die Verletzung der menschlichen Würde war. Situationen, welche seine eigene Lebensqualität bedrohten, weckten in Gandhi das Bewußtsein für den Weg, der ihm vom Schicksal bestimmt war, und von da an weihte er sein Leben dem Ziel, die Lebensqualität anderer zu sichern.

Bei seiner Rückkehr nach Indien 1891 fand er seine heimatliche Umgebung von Grund auf in Auflösung begriffen. Seine Mutter war gestorben, und in Kathiawar war es offenkundig, daß der Einfluß der Gandhis mit dem Tode seines Vaters versiegt war. Es gab kein Amt für ihn an den Fürstenhöfen von Radschkot und Porbandar, und die kleinen Städte der Halbinsel hatten bereits ein Uberangebot an praktizierenden Rechtsanwälten. Gandhi entschloß sich daher, eine Anwaltspraxis in Bombay zu eröffnen, aber seine dortige Karriere nahm ein jähes und demütigendes Ende. Als der Strafverteidiger des Inner Temple sich erhob, um zum ersten Mal das Wort an das Gericht zu richten, verschlug ihm das Lampenfieber die Sprache, und er war genötigt, seinen Fall abzugeben. Geschlagen kehrte er nach Radschkot zurück, und mit den wenigen Rupien, die er sich durch Ausarbeitung schriftlicher Gesuche und Eingaben – zur Vorlage bei den lokalen, einheimischen Gerichtshöfen bestimmt – verdiente, gelang es ihm, den Haushalt aufrechtzuerhalten, den er krampfhaft zu anglisieren versuchte (mit Messer und Gabel und mit Mahlzeiten am Tisch).

Er hatte England, was Land und Leute anbelangt, in gutem Angedenken verlassen, und – wie so viele gebildete Inder des 19. Jahrhunderts – mit aufrichtiger Bewunderung für die liberalen philosophischen Systeme und demokratischen

Institutionen, die die Briten geschaffen hatten. Da er in Indien vorher mit den Briten wenig Berührung hatte, war er auf die Unterschiede im Verhalten nicht vorbereitet, die bei vielen Menschen auftreten können: im eigenen Lande führen sie ein geruhsames Leben und als Regierende über ein fremdes Volk sind sie ständigen Spannungen ausgesetzt. Diesen Unterschied sollte er nun am eigenen Leibe zu spüren bekommen.

In England hatte er in einem der Häuser, in denen er verkehrte, einen gewissen Charles Ollivant, einen höflichen und anscheinend wohlgesinnten Burschen, der gleichzeitig dort mit ihm zu Gast war, kennengelernt und an langen und herzlichen Gesprächen mit ihm seine Freude gehabt. Ollivant war von Beruf Beamter der Zivilverwaltung in Indien und wurde, vom Urlaub zurück, zum Regierungsvertreter von Porbandar ernannt. Als Gandhis älterer Bruder in seiner Eigenschaft als Sekretär des Rana von Porbandar wegen irgendeiner obskuren Palastintrige angeklagt wurde, geboten die Traditionen der Sippensolidarität, daß Gandhi Ollivant aufzusuchen und sich bei ihm für seinen Bruder zu verwenden habe. Gandhi ging – gegen seine Überzeugung – hin, wurde kühl empfangen und erhielt den Bescheid, daß sein Bruder mit seiner Beschwerde den üblichen Weg über die Behörden einzuschlagen habe. Als er versuchte, Einwendungen vorzubringen, wurde er aufgefordert zu gehen und schließlich vom Leibwächter des Residenten mit Gewalt hinausgeworfen. Er legte schriftlich Protest ein: er fühle sich in seiner menschlichen Würde aufs schwerste getroffen. Der Resident antwortete mit einem Schreiben, in dem bezweifelt wurde, daß ein Inder überhaupt eine Würde besitze, die zu verteidigen sei. Als der berühmte Advokat, der Parse Sir Ferozeshah Mehta nach Radschkot kam, ließ Gandhi ihn um Rat fragen. Mehta bemerkte herablassend, der junge Anwalt kenne offenbar die Briten nicht, und wenn er sich seinen Lebensunterhalt in Kathiawar verdienen wolle, habe er die Beleidigung stillschweigend einzustecken. »Sagt ihm, daß er das Leben noch kennenlernen muß.« »Der Rat war bitteres Gift für mich«, erinnerte sich Gandhi später, »aber es blieb mir nichts anderes übrig, als ihn anzunehmen... Dieser Schock gab meinem Leben eine andere Richtung.«

Der Vorfall vermittelte ihm den ersten Einblick, wie es zur Zerrüttung menschlicher Beziehungen kommen kann, wenn ein Volk das andere beherrscht; später erst sollte ihm bewußt werden, daß die indische Gesellschaft selbst von diesem Übel befallen war, als Folge der Diskriminierung durch das Kastenwesen. Er wußte, daß sein Lebensunterhalt in Kathiawar nur an Gerichtshöfen zu verdienen war, die unter Ollivants Aufsicht standen. Er wußte aber auch, daß sein Bleiben unerträgliche Demütigungen mit sich bringen würde. Es galt, den Lebensunterhalt anderswo zu finden. Die Gelegenheit bot sich unerwartet, als eines der moslemischen Handelshäuser von Porbandar um seinen Rechtsbeistand in Südafrika bat in einem Fall, in den ein anderer Kaufmann aus Kathiawar verwickelt war. Man habe zwar europäische Anwälte bestellt, hieß es, aber es sei doch angenehmer, wenn auch ein Inder zur Beratung bereit stünde. Gandhi sagte sofort zu. Der Auftrag war ziemlich unklar, und als er sich im April 1895 in Bombay einschiffte, hatte er nicht die geringste Vorstellung von den tatsächlichen Aufgaben, die ihn in Durban erwarteten und sicherlich nicht das Vorgefühl, daß er die schwerstwiegende Entscheidung seines Lebens getroffen hatte.

Die erste Lehre über die Stellung der Inder in Südafrika wurde Gandhi erteilt, als er im Gehrock und mit schwarzem Turban den Gerichtssaal von Durban betrat. Der Richter befahl ihm, den Turban abzunehmen. Gandhi weigerte sich höflich und verließ den Gerichtssaal; er schrieb auch an die Zeitung und gab für sein Handeln eine Erklärung ab. Damit erweckte er die Aufmerksamkeit, sowohl der – zum Teil mit aufgebrachten Schreiben reagierenden – Europäer als auch der Inder, die diesen Neuankömmling mit einer Art mitleidigen Erstaunens betrachteten, weil er offenbar die Sonderstellung seiner Landsleute in Südafrika ignorierte.

Wenn auch die Inder in Indien mit despotischer Willkür von ihren britischen Herren regiert wurden, so waren sie doch wenigstens in ihrem eigenen Land und die Briten eine verschwindende Minorität. In Südafrika dagegen waren die Inder eine fremde Minorität und eine Minorität ohne Macht. In den neunziger Jahren des vorigen Jahrhunderts lebten über zwei Millionen Afrikaner und etwa dreiviertel Millionen Europäer in den britischen Kolonien Natal und Kapland und in den autonomen Burenterritorien Transvaal und Oranje-Freistaat. Es gab insgesamt etwa 75 000 Inder, weniger als drei Prozent der Gesamtbevölkerung Südafrikas. Die ersten waren in den frühen sechziger Jahren nach Natal gekommen, größtenteils aus der Gegend von Madras, um als Kontraktarbeiter in den Zuckerplantagen zu arbeiten. Das bedeutete praktisch Leibeigenschaft, die aber wenigstens befristet war und den Arbeiter nach fünf Jahren als freien Mann entließ. Diejenigen, die blieben, ließen oft ihre Frauen nachkommen, und es bildete sich eine Art indischer Aristokratie aus mohammedanischen Kaufleuten und parsischen Handlungsgehilfen. Wegen des Analphabetentums und der primitiven Gewohnheiten der Tamilarbeiter wurden die Hindus mißachtet und Sammys genannt, eine Verballhornung des Tamilwortes »Swami«, das in Wirklichkeit Meister, Herr bedeutet. In Südafrika nahm es die Nebenbedeutung von »Kuli« an, und die Moslems und Parsen suchten sich diesem Stigma zu entziehen, indem sie sich auf ihre Abstammung beriefen und sich Araber bzw. Parsen nannten. Mit dem Tragen eines Hinduturbans hatte sich Gandhi der Klasse der verachteten Sammys zugeordnet, denn wenige Südafrikaner kehrten sich an den Unterschied zwischen einem Plantagenkuli und einem gebildeten indischen Rechtsanwalt.

Seine Situation sollte sich auf dramatische Weise durch eine Reihe von Vorfällen zuspitzen, die in Gandhis Rückschau die Phase in seinem Leben kennzeichneten, in der die Heftigkeit seiner Gefühle sein Denken für immer in andere Bahnen lenkte und seinen zukünftigen Weg bestimmte. Zur Wahrnehmung der Interessen seines Arbeitgebers Dada Abdulla mußte er nach Pretoria reisen und stieg in Durban mit einem Fahrschein erster Klasse in ein Abteil erster Klasse ein. Der Zug kletterte von der Küste ins Gebirge hinauf und hielt in der Nacht in Pietermaritzburg, der Hauptstadt Natals. Ein weißer Fahrgast stieg in das Abteil ein, sah Gandhi, verschwand und kam mit einem Bahnbeamten zurück, der Gandhi befahl, in den Gepäckwagen zu steigen. Gandhi weigerte sich und wurde aus dem Zug geworfen. Die Nacht verbrachte er frierend im Wartesaal. Am nächsten Tag setzte er seine Reise ohne Zwischenfälle bis zur Kopfstation Charlestown fort. Aber in der Postkutsche, die ihn nach Johannesburg brachte, wiederholte sich der Alptraum der Diskriminierung: der Schaffner verbot ihm das Reisen im Inneren des Wagens und wollte ihn dann zwingen, auf einer Matte zu Füßen des Kutschers Platz zu nehmen. Als Gandhi protestierte, versuchte der Mann, ihn aus der Kutsche herauszuzerren und schlug auf ihn ein, bis die Passagiere eingriffen. Auf der letzten Etappe der Reise, im Zug von Johannesburg nach Pretoria, versuchte ein Schaffner abermals, ihn mit Gewalt aus dem Abteil erster Klasse hinauszubefördern, aber diesmal ergriff ein englischer Fahrgast seine Partei, und er durfte bleiben. Selbst diese Freundlichkeit trug nur noch dazu bei, Gandhi darin zu bestärken, daß Inder in Südafrika keine wirklichen Rechte besaßen; welche Freiheiten sie auch immer genossen, sie hingen von der Willkür der Weißen ab, die das Land beherrschten. In gewisser Weise waren sie noch schlechter dran als die Neger, die wenigstens nicht unter der Bedrohung der Deportation leben mußten.

Es war eine Bedrohung, die, wie Gandhi feststellte, für die Inder von Tag zu Tag beunruhigendere Formen annahm. Die weißen Kaufleute sahen in den erfolgreichen indischen Händlern eine gefährliche Konkurrenz, und die Buren lehnten sie wegen ihrer Hautfarbe ab. In Transvaal und im Oranje-Freistaat waren sie nicht wahlberechtigt, und in Pretoria unterlagen sie einem nächtlichen Ausgangsverbot. In Natal hatten sie noch Bürgerrechte als britische Untertanen, aber es waren Bestrebungen im Gange, ihnen das Stimmrecht zu nehmen, sobald Natal seine Selbstverwaltung durchgesetzt haben würde, und extremere Xenophoben sprachen von Deportation oder zumindest von hohen diskriminierenden Steuern.

Angespornt durch diese eigenen Erfahrungen berief Gandhi die Inder Pretorias zu einer Versammlung ein, und indem er die Schüchternheit abstreifte, die ihm den Weg in die Öffentlichkeit bislang versperrt hatte, nutzte er seine auf Bildung und Beruf beruhende Überlegenheit und lieferte – dreiundzwanzig Jahre alt – den Beweis seiner Eignung zur Führerschaft. Er riet den Indern dringend, ihre Gewohnheiten zu ändern, damit die Europäer sie nicht länger der Unreinlichkeit bezichtigen könnten, sowie Englisch zu lernen, um ihre Integration in die Gemeinschaft zu erleichtern und um ihre Rechte zu verteidigen. So verband er von Anfang an die Idee der Selbsterziehung mit dem Kampf um die Durchsetzung der eigenen Rechte gegen andere. Er selbst machte den Anfang, indem er – wie zu erwarten – die Eisenbahn ersuchte, mit der Diskriminierung Schluß zu machen. Seine Bemühungen erwiesen sich als fruchtbar: im Jahre 1893 klagte ein Inder mit Erfolg gegen die Eisenbahngesellschaft, nachdem er aus einem Zug hinausgeworfen worden war.

Die Agitation hätte mit diesem Triumph möglicherweise ein Ende gefunden, denn Gandhi hatte den Rechtsstreit, der ihn nach Südafrika geführt hatte, durch einen Schiedsspruch abgeschlossen, der das Gesicht beider Parteien wahrte. Im April 1894 begab er sich, nachdem er die Überfahrt nach Bombay gebucht hatte, zu einem von Dada Abdulla veranstalteten Abschiedsessen. Bei Tisch griff er nach einer Zeitung und sein Blick fiel auf die Schlagzeile »Indian Franchise Bill«. Die Legislative von Natal war im Begriff, eiligst ihre neugewonnene autonome Macht zu nutzen, um die Anzahl der Selbstregierer zu verringern: sie wollte den Indern das Wahlrecht entziehen. Das Gastmahl nahm schlagartig den Charakter einer von Gandhi initiierten politischen Versammlung an, und noch bevor diese sich auflöste, wurde ein Komitee gebildet, wurden Fonds gezeichnet und wurde Gandhi überredet, zu bleiben und in dem Kampf die Führung zu übernehmen.

Unversehens sah er sich als Haupt einer Massenbewegung in verkleinertem Maßstab, die sich den friedlichen Aufstand zur Aufgabe gemacht hatte. In Anlehnung an den von Alan Octavius Hume im Jahre 1885 einberufenen Indian National Congress (der sich die indische Unabhängigkeit noch nicht zum Ziel gesetzt hatte) gründete er den Natal Indian Congress und richtete Gesuche an die Legislative von Natal und später an das britische Kolonialamt. Wie so oft auch im späteren Leben mußte er sich mit Teilerfolgen begnügen. Die Namen derjenigen Inder, die sich bereits auf der Wählerliste befanden, durften stehenbleiben, aber es sollten keine neuen indischen Namen hinzukommen. Eine geplante Jahressteuer von 25 Pfund, die den Kontraktarbeitern auferlegt werden sollte (mehr als ihr tatsächlicher Verdienst), wurde auf 3 Pfund herabgesetzt. Das Ausmaß der Diskriminierung wurde eingeschränkt; die Tatsache blieb jedoch bestehen.

Gandhi gab den Kampf nicht auf. Und tatsächlich sollte er – außer kurzen Intervallen im Ausland – bis 1914 in Südafrika bleiben, eine Zeit, in der sein ganzes Bemühen der Befreiung der indischen Gemeinschaft in Südafrika galt. (Nebenbei bemerkt: sein Interesse für die Rechte der einheimischen Bevölkerung während des Zuluaufstandes von 1906 scheint sich auf Äußerungen des Mitleids beschränkt zu haben.) Diese zwanzig Jahre, in denen er die Waffen schmiedete, die ihm später in Indien zur Befreiung einer Nation statt einer Minderheit dienten, lassen sich in zwei festumrissene Abschnitte einteilen. Im ersten geht er seinem Beruf als erfolgreicher anglophiler Anwalt nach und macht sich zum Anführer einer Bewegung, die Agitation mit legalen Mitteln betreibt. Im zweiten, der 1904 durch die Lektüre von ›Unto this last‹ eingeleitet wird, ändert Gandhi von Grund auf seine Lebensweise, geht zum vereinfachten Gemeinschaftsleben über und vertauscht legale Agitation mit gewaltlosen Kampagnen offener Gesetzesübertretung, die er unter dem Banner von »Satjagraha« oder »Kraft durch Wahrheit« führt.

Der frühen Periode fehlte es nicht an heroischen Momenten. Als er im Jahre 1896 mit seiner Familie von Indien zurückkehrte, fand er eine ihm feindlich gesinnte Atmosphäre vor: die Agentur Reuter hatte einige seiner Äußerungen falsch interpretiert. Da er stets betont hatte, Feigheit sei noch schlimmer als Gewalt, bestand er darauf, das Schiff – entgegen dem Rat seiner Freunde – am hellichten Tag zu verlassen; möglicherweise wäre er vom Mob umgebracht worden, hätte die Frau des Polizeichefs von Durban sich nicht geistesgegenwärtig dazwischengestellt und die wütende Menge mit ihrem Schirm abgewehrt. Sein Tolstojanismus verbot Gandhi, seine Angreifer gerichtlich zu belangen, und er betrachtete diesen Vorfall später als einen Prüfstein seiner Kraft, Böses ohne Vergeltung hinzunehmen.

In dieser ersten Periode bediente er sich weiterhin des Natal Congress als Werkzeug legaler Auflehnung gegen diskriminierende Gesetzgebung, jedoch ohne großen Erfolg. In der Durchführung hielt er sich dabei an britisch-demokratische Regeln, immer noch der Meinung, daß das britische Empire uneigennützig das Wohl der von ihm regierten Völker im Auge habe; und daß, was sich in Südafrika abspielte, lediglich eine lokale Verirrung sei, die mit der Zeit korrigiert werden würde. »Damals glaubte ich«, entsann er sich später, »das britische Empire diene der Wohlfahrt der Welt. Echte Loyalität hielt mich davon ab, das Empire zu desavouieren.«

Mit diesem festen Glauben an den guten Willen des britischen Imperialismus erklärt sich, warum Gandhi im Burenkrieg ein indisches Sanitätskorps von 1100 Mann organisierte, eine solche Aktion im Zuluaufstand von 1906 wiederholte (wobei er den Rang eines Feldwebels akzeptierte) und 1914 in London zum dritten Mal ein indisches Kontingent stellte, an dem er sich jedoch krankheitshalber nicht aktiv beteiligen konnte. Diese Aktionen wurden von den militanten Nationalisten Indiens heftig kritisiert, aber Gandhis Rechtfertigungen entbehrten nicht der Logik.

Anfänglich war ihm eine totale Trennung Indiens oder der Inder vom Empire nicht einmal in den Sinn gekommen, bis er, während des Ersten Weltkrieges, schließlich doch zu der Überzeugung kam, es sei unmöglich, daß den Kolonialvölkern unter britischer Herrschaft Gerechtigkeit widerführe. Dabei ging es ihm auch um Prinzipien. Gandhi war der Meinung, daß eine Antikriegshaltung nur zu rechtfertigen sei, wenn man sich von vornherein eindeutig zur Opposition bekannt habe – ein Beispiel seiner Auffassung von ehrlicher und offener Politik. Außerdem folgerte er, wenn man als britischer Untertan wie die Inder in Südafrika für Rechte kämpfe, dann übernehme man damit stillschweigend die Pflicht, zur Verteidigung des Empire beizutragen, von dem man die Wahrung solcher Rechte erhoffe. Schließlich und endlich brachte er ein Argument vor, mit dem er merkwürdigerweise George Orwells Polemik gegen die Pazifisten des Zweiten Weltkriegs vorwegnahm: Wer den Schutz der britischen Marine in Anspruch nimmt, hat kein Recht, einem kriegführenden Britannien seine Hilfe zu versagen; vor allem, wenn diese Hilfe in gewaltloser Form leidenden Menschen zugute kommt.

Rückblickend erscheint die hierbei zu beobachtende Prioritätenfolge als der wichtigste Aspekt dieser militärischen Intermezzi in Gandhis Laufbahn. Die beiden Grundelemente der Gesellschaftsphilosophie Gandhis lagen fest, noch bevor ihr Urheber indischer Nationalist (in der ihm gemäßen Art) wurde. Zwischen 1904 und 1908 entwarf er in Theorie und Praxis seine Lehre der »Satjagraha« oder des gewaltlosen

Aktivismus und einer konstruktiven Neuordnung der Gesellschaft auf der Basis vereinfachter, in Gemeinschaft sich abspielender Lebensweise. In diesem Stadium hätte er, wäre es Indern in Südafrika und in Indien möglich gewesen, unter britischer Herrschaft zu vollen bürgerlichen Rechten zu gelangen, kaum auf einer Änderung des nominellen Überbaus bestanden. Dieser war für sein Ziel, die Lebensqualität des Individuums und der Gesellschaft zu verändern, ziemlich belanglos. Nur widerstrebend wurde er Nationalist – halben Herzens und eher der Not gehorchend. Ein unabhängiges Indien zu schaffen, stand in seinen Überlegungen stets an zweiter Stelle. Vordringlicher schienen ihm Veränderungen auf anderer als politischer Ebene, solche, die er für ein sowohl freies, als auch in seinem Sinne religiöses Leben für unerläßlich hielt. In dieser Hinsicht unterschied er sich nachdrücklich von den regelrechten indischen Nationalisten, sowohl von den hinduistischen Traditionalisten, wie Tilak, als auch von den LSE-Sozialisten, wie Nehru, und das zeigte sich schließlich 1947, als er feststellen mußte, daß die Befreiung Indiens, so wie sie erfolgte, nicht der von ihm angestrebten entsprach.

Der gute Ruf des indischen Sanitätskorps während des Burenkrieges hatte anscheinend bei den Weißen Südafrikas eine so wohlwollende Atmosphäre geschaffen, daß dem Natal Congress die Anerkennung der indischen Rechte nur mehr eine Frage der Zeit zu sein schien. So brach Gandhi 1901 nach Indien auf, wo ihn, nach Ansicht des Führers des gemäßigten linken Flügels im Kongreß, Gopal Krischna Gokhale, eine wichtige Rolle im Ringen um die Selbstregierung seines Landes erwartete. Zum zweiten Male eröffnete Gandhi eine Anwaltspraxis in Bombay, aber Anfang des Jahres 1902 kam ein Telegramm aus Durban mit der Aufforderung, sein gegebenes Versprechen einzulösen, d. h. zurückzukommen, falls er gebraucht würde. Wider Erwarten hatte der britische Sieg die Aussichten der Inder nicht verbessert; die Regierung in Whitehall war vornehmlich auf die Aussöhnung der Briten und Buren bedacht, und während die

Einigkeit der Weißen vorangetrieben wurde, kamen die anderen ins Hintertreffen.

Gandhi eröffnete in Johannesburg eine Praxis zur Vertretung indischer Interessen bei den Gerichten und gründete 1914 die erste seiner zahlreichen Zeitschriften, die ›Indian Opinion‹, als Mittel zur Erziehung und Konsolidierung der Gemeinschaft. Einer Eingebung folgend, die er ›Unto this last‹ zu verdanken meinte, gründete er im Jahre 1904 außerhalb Johannesburgs die Phönix-Farm mit einer Gemeinde von Indern und gleichgesinnten europäischen Vegetariern, die unter seiner patriarchalischen Leitung eine solidarisch vereinte Familie bildeten. Seinen juristischen Beruf übte er weiterhin aus. Diese Wende zum Gemeinschaftsleben war nur der Anfang einer Reihe von Veränderungen in seiner Lebensweise, bewirkt durch seine stetig zunehmende religiöse Haltung. Im Jahre 1906, auf den nächtlichen Märschen des Zulu-Feldzuges, faßte er den Entschluß, dem Wunsch nach Kindern und dem Wohlstand zu entsagen und den Weg der »Brahmacharja« oder totalen Enthaltsamkeit zu wählen. Sexuelle Begierde könne den Geist vernebeln, und Geschlechtsverkehr sollte daher nur zum Zwecke der Fortpflanzung stattfinden. Die Hoffnung, daß das indische Volk dazu gebracht werden könnte, weise Selbstzucht zu üben, ließ ihn viele Jahre später die Geburtenkontrolle als bevölkerungspolitische Maßnahme ablehnen. Indessen empfand er den Verzicht auf geschlechtlichen Verkehr nicht als Verlust; ihm bedeutete er vielmehr Erlösung von einem Schuldgefühl, welches ihn seit jener Nacht verfolgte, in der sein Vater gestorben war. Auch sah er darin eine Erweiterung der Möglichkeiten vertrauten menschlichen Umgangs auf der Ebene gemeinsamer Arbeit und Ideale, wie er sie in seinen Gemeinden und Aschrams anstrebte. Brahmacharja war auch eine Stufe in der Erziehung zur Selbstbeherrschung, die Gandhi im Laufe der Zeit als unerläßlich für jene Art gewaltloser Aktion erkannte, die er erwogen hatte, falls die Inder im Kampf um ihre Rechte zu außerlegalen Methoden übergehen müßten. Die Notwendigkeit einer solchen Aktion ließ nicht auf sich warten.

Im Jahre 1906 wurde in Transvaal ein Gesetz eingebracht, nach dem alle Inder sich bei den Behörden registrieren und ihre Fingerabdrücke abnehmen lassen sollten; die Polizei sollte befugt sein, ohne Vollmachten indische Häuser zu betreten, um nachzuprüfen, ob alle Inder registriert seien. Von der allgemein demütigenden Zumutung dieser Verordnung abgesehen, waren besonders die Moslems über die Einbeziehung der Frauen aufgebracht, da dies eine Verletzung des Purdah (Schleiers) bedeutete. Am 11. September berief Gandhi ins Empire Theatre in Johannesburg eine Versammlung ein. Das Haus war überfüllt mit erregten, erbosten Indern. Obwohl Gandhi sie warnend darauf hingewiesen hatte, daß Widerstand zu Gefängnis und Zugrunderichtung der beruflichen Existenz führen könne, legten sie in offener Abstimmung einmütig das Gelöbnis ab, die Registrierung abzulehnen. Charakteristisch für die damals unter den Indern herrschende Stimmung war, daß die Versammlung mit einem Hoch auf König Edward und dem Absingen der Nationalhymne ausklang. Westminster galt noch als Horst der Gerechtigkeit, und Gandhi wurde ausgeschickt, der Kolonialbehörde den indischen Standpunkt vorzutragen. Die britische Regierung ließ das Gesetz nicht durchgehen, aber für die Inder war es nur ein begrenzter Sieg, da Transvaal Anfang des Jahres 1907 seine Autonomie wiedererlangte und eine vorherrschend burische Verwaltung unter den Generälen Botha und Smuts wählte. Das Registrierungsgesetz wurde verabschiedet, und am 1. Juli wurden alle Inder ohne Ausnahme angewiesen, sich registrieren zu lassen.

Als Gegenmaßnahme setzte Gandhi die erste Satjagraha-Bewegung ein. Diesen Namen hatte er gewählt, weil ihm weder »passiver Widerstand« (ein nur negatives Verhalten, das er als Waffe des Schwachen betrachtete), noch »ziviler Ungehorsam«, mit seinem herausfordernd-feindseligen Beigeschmack, gefielen. Der Widerstand, den er meinte, sollte von Menschen ausgehen, die nicht fürchteten, gewalttätig zu sein, die aber freiwillig auf Gewalt verzichteten und sich im Kampf, statt physische Gewalt anzuwenden, auf die Macht der Wahrheit verließen. Das hieße Widerstand ohne jede Feindseligkeit weil, so folgert Gandhi, »der Mensch von seinen Taten getrennt beurteilt werden muß. Während einer guten Tat Anerkennung und einer bösen Tat Abscheu gebührt, verdient der Täter stets, ob gut oder böse, je nachdem Hochachtung oder Mitleid. ›Hasse die Sünde, doch nicht den Sünder‹ – ein Gebot, welches zwar leicht zu verstehen ist, aber nur selten befolgt wird; darum hat sich das Gift des Hasses über die ganze Welt verbreitet.«

»Satjagraha« würde zugleich ihr Positives haben. Sie würde mit der Aufstellung klar umrissener Ziele und der Verkündung der nötigen Taktiken beginnen. Durch das Beispiel freiwillig erduldeten Leidens würde sie den Gegner zu überzeugen suchen, daß er nicht als Feind betrachtet wird. Indem sie eine Regelung anstrebte, bei der keine Seite sich gedemütigt fühlen würde, dürfte es – im Idealfall – keinen moralischen Zwang geben, da ein ehrenvoller Kompromiß Teil der Gesamtkonzeption war. Auf diese Weise würden, in einer hoffentlich etwas gerechteren und harmonischeren Gesellschaft, beide Seiten auf ihre Rechnung kommen. So würde sich die Macht der Wahrheit offenbaren und Satjagraha vollzogen. Da Satjagraha sich in Theorie und Praxis in Indien und Südafrika von Kampf zu Kampf bewährte, betrachtete Gandhi sie schließlich als eine unbeschränkt flexible Strategie, anwendbar unter jeglichen Bedingungen und gegen jeden Feind, vorausgesetzt, alle Beteiligten hätten gelernt, Selbstbeherrschung zu üben und wären bereit, wie Soldaten ihr Leben für die Sache hinzugeben.

Die Satjagraha-Kampagnen wurden in Südafrika mit geringen Unterbrechungen und mit wachsender Intensität vom Sommer 1907 bis Anfang des Jahres 1914 durchgeführt. Sie brachten den Indern in Südafrika einen begrenzten Sieg, aber ihre größte Bedeutung liegt in der Tatsache, daß sie die ersten

Experimente Gandhischen zivilen Widerstandes waren – Kriegsspiele, in denen Strategie und Taktiken entwickelt und getestet wurden, die in einer Vielfalt indischer Situationen anzuwenden waren. In der Geschichte Südafrikas haben sie sich als von nebensächlicher Bedeutung erwiesen; für die geschichtliche Entwicklung Indiens waren sie entscheidend.

Die erste Kampagne begann 1907 mit der friedlichen Besetzung der Registrierungsstellen durch Gandhis Freiwillige, die meisten von ihnen halbwüchsige Jungen, denen eingeschärft worden war, keinen Inder zu belästigen oder zu beschimpfen, der sich registrieren lassen wolle. Tatsächlich fügten sich nur wenige Inder dem Gesetz, kaum einer von zwanzig. Nach wiederholten Warnungen sah sich die Regierung veranlaßt einzugreifen; sie nahm Verhaftungen vor, ließ dadurch Helden entstehen, und im Januar 1908 war die Reihe an Gandhi. Er wurde zu zwei Monaten Gefängnis verurteilt (die erste seiner zahlreichen Inhaftierungen), aber bereits nach einigen Tagen unauffällig aus seiner Zelle zu geheimen Besprechungen mit General Smuts herausgeholt. Dabei scheint es zu einem seltsamen Kompromiß gekommen zu sein, wenngleich die Berichte über das, was tatsächlich vorging, widersprüchlich sind. Laut Gandhi versprach Smuts die Aufhebung des Gesetzes, wenn die Inder sich freiwillig registrieren lassen würden; Smuts leugnete später derartige Zugeständnisse. Gandhi, der an ein gegebenes Versprechen glaubte, überredete seine Landsleute, sich registrieren zu lassen, was ihm den ersten Anschlag auf sein Leben seitens einer Gruppe erzürnter Pathanen eintrug, weil diese – nicht zu unrecht, wie es sich erwies – die Aufhebung des Gesetzes bezweifelten.

Nachdem Monate verstrichen und kein Widerruf erfolgt war, ging Gandhi zu neuen Formen des Widerstandes über. Inder wurden ausgesandt, ohne Konzessionen Straßenhandel zu betreiben, um ihre Gefangennahme zu provozieren und damit zur Überfüllung der Gefängnisse beizutragen. Dann, im August 1908, als es zur Gewißheit wurde, daß Smuts nicht daran dachte, sein Versprechen einzulösen, versammelten sich dreitausend Inder vor der Johannesburger Moschee und verbrannten ihre Registrierscheine. Gandhi wurde im Oktober und nochmals im darauffolgenden Februar verhaftet, weil er keinen Registrierungsschein besaß und kam beide Male ins Gefängnis. Ebenso erging es auch vielen seiner Anhänger.

Im Jahre 1909 begab sich Gandhi nochmals nach England in der Hoffnung, bei den Verhandlungen um die südafrikanische Einigung eine gewisse Gewähr für die rechtliche Stellung der Inder zu erreichen. Bei Lord Ampthill, einem ehemaligen Vizekönig von Indien, fand er zwar Unterstützung, aber die britische Regierung war nicht gewillt, auf Smuts und Botha Druck auszuüben, und bei seiner Rückkehr nach Südafrika mußte er feststellen, daß die Behörden Satjagraha mit allen erdenklichen Störungsmanövern erwiderten. Er traf gerade noch rechtzeitig ein, um auf gerichtlichem Wege eine Massendeportation von Indern aus Durban zu verhindern.

Es folgte eine Atempause von zwei Jahren. Dank Satjagraha war die Registrierung nicht mehr zu erzwingen. Aber die streitbaren Inder waren laufend »Katze-und-Maus«-Verhaftungen ausgesetzt. Nachdem im Jahre 1912 der greise Gokhale aus Indien gekommen war, um mit der südafrikanischen Regierung zu verhandeln, wurde dem Registrierungsgesetz schließlich – durch ein geschicktes Manöver – ein Ende gesetzt: die indischen Angelegenheiten wurden der Unionsregierung übertragen und wieder einmal wurde ein Versprechen offenbar nicht eingelöst, denn nachdem Smuts Gokhale zugesagt hatte, daß die Kopfsteuer in Höhe von drei Pfund auf Kontraktarbeit abgeschafft werden würde, weigerte er sich Wort zu halten. Die Provokation erreichte schließlich ihren Gipfel, als moslemische, parsische und indische Eheschließungen durch den Obersten Gerichtshof Südafrikas für ungültig erklärt wurden.

Gandhi antwortete darauf mit einer Ausweitung der Aktion und ging von passiver zu aktiver Auflehnung gegen diskriminierende Gesetze über. Er ließ die Regierung wissen, daß er die indischen Minenarbeiter zum Streik aufrufen würde, wenn es bei der Kopfsteuer bliebe. Als Smuts nicht antwortete, zeigte sich Gandhis taktische Virtuosität durch Mobilisierung der indischen Frauen. Ein Kontingent marschierte illegal über die Grenze von Transvaal in das Kohlenrevier von Natal ein und rief die Bergleute zum Streik auf. Neue Wellen von Frauen folgten den ersten, wurden verhaftet, und brachten die Gefängnisverwaltungen durch ihre große Menge in Verlegenheit. Nun rief Gandhi die Minenarbeiter auf, sich ihm zu einem Marsch nach Transvaal anzuschließen, mit dem Endziel Tolstoj-Farm, seiner zweiten, 1910 gegründeten Gemeinschaftssiedlung. Gandhi wurde verhaftet und die zweitausend am Marsch Beteiligten wurden schließlich herdenweise wie das Vieh per Eisenbahn nach Natal in die Gefängnisse abtransportiert; zwei Europäer, die Gandhi bei der Organisierung des Marsches geholfen hatten, kamen ins Gefängnis. Dies hatte jedoch nur zur Folge, daß sich die übrigen Minen- und Plantagenkontraktarbeiter nun auch dem Streik anschlossen. Die Regierung nahm Zuflucht zur Gewalt und ging gegen die streikenden Minenarbeiter mit Peitschen und Schußwaffen vor.

Diese Gewehrschüsse verhalfen Gandhi zum moralischen Sieg. Die ganze Welt verurteilte das Vorgehen der südafrikanischen Machthaber. Der Vizekönig von Indien legte energischen Protest ein. Kaum wieder auf freiem Fuß, rief Gandhi die Massen zu einer Trauerfeier für die toten Minenarbeiter zusammen; als symbolische Geste gab er die seit seiner ersten Reise nach England von ihm bevorzugte europäische Kleidung bei dieser Gelegenheit ein für alle Mal auf und erschien barfuß und kahlgeschoren. Er plante einen zweiten großen Marsch, und nun ergab sich für ihn die Gelegenheit zum gewaltlosen Gnadenstoß: die weißen Eisenbahnarbeiter waren in den Streik getreten, worauf Gandhi den geplanten Marsch unverzüglich abblies, mit der Begründung, Satjagraha lasse nicht zu, daß aus einer schwierigen Lage, in die der Gegner unversehens geraten sei, Vorteil gezogen werde. Seine Aktion, die der britischen Tradition des fair play entgegenkam, sicherte ihm einen Sieg, der insofern nicht nur ein moralischer war, als Smuts jetzt von der öffentlichen Meinung in die Enge getrieben wurde. Er war gezwungen zu verhandeln, und das Resultat war die Annahme des »Indian Relief Bill« vom Sommer 1914, ein Dokument, das die indischen Ehen für gültig erklärte, die Kopfsteuer für Kontraktarbeiter abschaffte, die Einwanderungsbestimmungen milderte und eine Revision des Systems der Kontraktarbeit vorsah.

Es war ein Beispiel, wie mit klar umrissenen Zielen und flexiblen Taktiken eine gut geführte zivile Widerstandsbewegung einen an Zahl und Macht überlegenen Gegner in Verlegenheit bringen kann und wie stoisch erduldetes Leiden und ritterlicher Großmut – im psychologisch richtigen Moment demonstriert – die öffentliche Meinung zu mobilisieren vermag. Allerdings hatte Gandhi seinen Sieg in diesem Fall zum Teil auch besonderen Umständen zu verdanken. Südafrika war ein junges Dominion, das noch unsicher um nationale Geschlossenheit rang; die Regierung war unerfahren und durch innere Spannungen zwischen Briten und Buren sowie zwischen europäischen Arbeitern und ihren Arbeitgebern beunruhigt. Und eine südafrikanische Regierung konnte es sich im Jahre 1914 nicht leisten, sich ungestraft über die Meinung der Weltöffentlichkeit hinwegzusetzen oder einer mißbilligenden britischen Regierung Trotz zu bieten. Für den Augenblick schien Gandhi gewonnen zu haben. Auf lange Sicht war es ein zweifelhafter Sieg, denn alles, was Gandhi errungen hatte, ging zum Schluß verloren, und nach seiner Abreise stand unter den Indern Südafrikas kein Führer zur Verteidigung ihrer Rechte auf, als die rassistische Politik der aufeinanderfolgenden Regierungen sich mit zunehmender Strenge durchsetzte.

Aber damals schien es ein großer Triumph zu sein, und als Gandhi im Jahre 1914 schließlich Südafrika verließ, um über London nach Indien zurückzukehren, ging ihm der Ruf des Siegers voraus.

4. Kapitel

Zum Verständnis einer Philosophie, die sich in Aktivität umsetzt, bedarf es oft einer gewissen Manipulation des zeitlichen Ablaufs, und bei meiner Schilderung der Art und Weise, in der Gandhi Theorie und Praxis der Satjagraha zwischen 1904 und 1914 in Südafrika entwickelte, habe ich notgedrungen die Tatsache vernachlässigt, daß die geographische Entfernung von Indien seine Sorge um die mißliche Lage seines Volkes nicht im geringsten minderte. Seine Lage war etwa mit der eines Schauspielers zu vergleichen, der sich über sein Talent zunächst noch im unklaren ist; er entwickelt es auf einer kleinen Provinzbühne, aber sein Augenmerk bleibt stets auf das große Theater der Metropole gerichtet. Solcherart bot Südafrika das begrenzte Betätigungsfeld, auf dem er seine erste Befangenheit überwinden und seine Techniken entwickeln konnte. Aber sein dortiger Erfolg bekräftigte ihn nur in seinem Gefühl, daß Indien *die* Bühne war, auf der Satjagraha unter Mitwirkung der Massen ihre dramatischste und umwälzende Wirkung erzielen könne.

Zweimal nur in der Zeit von 1893 bis 1914 war Gandhi zwischendurch wieder in Indien gewesen. Das erste Mal, im Jahre 1896, beabsichtigte er, mit seiner Familie nach Südafrika zurückzukehren, nachdem er Kathiawar wieder aufgesucht (wo er bezeichnenderweise anläßlich einer Seuchenpanik zu einer Latrineninspektion zugezogen wurde) und in allen großen Städten Indiens Vorträge über die Zwangslage der Inder in Südafrika gehalten hatte. Diesmal wurde er nicht in interne indische Angelegenheiten verwickelt, machte aber die Bekanntschaft der beiden rivalisierenden Kongreßführer Gokhale und Bal Gandhadhar Tilak. Gokhale war ein Gemäßigter, der seine liberalen Ideen aus der vom westlichen

Liberalismus beeinflußten Tradition des Hinduismus schöpfte, einer im frühen 19. Jahrhundert von Ram Mohun Roy und seinen Anhängern gegründeten Reformbewegung, bekannt unter dem Namen Brahmo Samadsch. Tilak hingegen war ein von Leidenschaft für die Mahratta-Traditionen erfüllter hinduistischer Extremist, der im Jahre 1891 zum ersten Mal von sich reden gemacht hatte, als er die Traditionalisten zum Widerstand gegen eine Gesetzgebung anführte, die ein gesetzliches Mündigkeitsalter für indische Eheschließungen festsetzte.

Diese beiden Männer vertraten die Hauptströmungen in der indischen einheimischen Politik, die sich herausbildeten, als der Kongreß sich vom offenen Forum in Humes Sinne zu einer Organisation entwickelte, die dem gebildeten Inder als Sprachrohr seiner Anliegen diente; denn immer mehr unter ihnen kamen zu der Überzeugung, daß Home Rule (Selbstregierung) das mindeste sei, was man verlangen könne. Die wichtigsten Probleme waren erstens, in welchem Umfang und mit welchen Maßnahmen die Loslösung von britischer Herrschaft möglich sei und zweitens, welche Mittel man anwenden müsse, um den gewünschten Grad von Autonomie zu erlangen. Gokhale war für allmähliches, legales Vorgehen; Tilak wurde der Führer einer bewaffneten, aktiven Gruppe, und wenn er den Terror auch nicht unbedingt befürwortete – einige seiner Anhänger tendierten dazu und haben ihn schließlich auch angewandt.

In Auflehnung gegen die anglisierenden Tendenzen der indischen Liberalen neigte Tilak dazu, die hinduistische Gesellschaft so, wie sie war, zu akzeptieren, mit der Begründung, daß der Verlust irgend eines ihrer Strukturelemente – sei es auch noch so abstoßend – nur zum Schaden des Ganzen sein könne. Gokhale hingegen hatte für die vom westlichen Geist gründlich durchleuchteten Gebrechen der indischen Gesellschaft ein ebenso empfindliches Organ, wie bereits zwei Generationen zuvor die Brahmo-Samadschiten. Er bewunderte die soziale Lehre, die die Jünger von Vivekananda und Ramakrishna dem Hinduismus einzuimpfen versucht hatten, und gründete 1905 die »Servants of India Society«, eine Gesellschaft, die sich sozialen Aufgaben widmete, einschließlich der Linderung von Hungersnot, der Verbesserung der Lage der Unberührbaren und der Organisierung der städtischen Arbeiter in Gewerkschaften.

Gandhi achtete Tilak um seiner Intelligenz und seiner Hingabe willen, aber beide Männer waren als Persönlichkeiten und in ihrem Verhältnis zur Religion – Kernpunkt beiderseitiger Politik – von Grund auf verschieden. Beide waren Männer der Tat und beide betrachteten die ›Baghavadgita‹ als ein grundlegendes Lehrbuch. Der fundamentale Unterschied beider spiegelte sich in ihrer Interpretation der Dichtung. Während Gandhi in ihr einen allegorisch aufzufassenden Traktat über die Gewaltlosigkeit sah, meinte Tilak sie wörtlich nehmen zu müssen, als Ermutigung zur Anwendung von Gewalt, wenn die Sache (in seinem Falle *Swaradsch*, die Selbstregierung) es erfordere.

Immerhin, mochte Gandhi auch für Gokhale mehr Sympathie haben als für Tilak und auch dessen Protégé werden, so haben seine Ideen und seine Politik maßgeblich zu einer Versöhnung der von den zwei älteren Männern vertretenen Strömungen der indischen Renaissance beigetragen. Er war gleicherweise Universalist wie Traditionalist, und daraus erklärt sich, daß er später von Indern, welche die unterschiedlichsten Standpunkte vertraten, als Führer anerkannt wurde. Er hatte westliche Philosophen mit Aufmerksamkeit gelesen, hatte vom Christentum und vom Islam dasjenige angenommen, was ihm gut schien, und er respektierte die Ideale, auf die die britischen Institutionen sich angeblich stützten. Trotzdem war er, im Gegensatz zu Gokhale, ein Aktivist, der gewillt war, zu außerlegalen Mitteln zu greifen, und seine Erfahrungen in Südafrika, verbunden mit dem, was er bei Tolstoj und Ruskin gelesen hatte, machten ihn zum Verächter des Materialismus und des seelenlosen Maschinenkults, der ihm für die westliche Zivilisation charakteristisch schien.

Während er dem Doppelspiel der südafrikanischen Politiker entgegenarbeitete und, einer inneren Stimme folgend, zur Vereinfachung seines Lebens, zu Brahmacharja und einem Gemeinschaftsleben überging, begann Gandhi sich nach Indien und indischer Lebensweise zurückzusehnen, jener Lebensweise, die er einmal so eifrig abzustreifen bemüht gewesen war. Als er seine Strategie der Gewaltlosigkeit ersann, suchte er den Einfluß Tolstojs zu vergessen und sie als typisch indisch, als eine Form traditionellen Ahimsas zu sehen. Diese Auffassung, daß es sich bei Satjagraha um etwas spezifisch Asiatisches handle, hat er sein Leben lang vertreten. »Zwei Wege stehen Indien heute offen«, sagte er im Jahre 1921, »entweder das westliche Prinzip ›Macht geht vor Recht‹ einzuführen, oder am östlichen Prinzip festzuhalten, daß allein die Wahrheit siegt, daß die Wahrheit keine Makel kennt, daß der Schwache wie der Starke das gleiche Anrecht auf Gerechtigkeit hat.«

Seine Abkehr vom Westen fand ihren ersten deutlichen Niederschlag in zwei Dokumenten, die er während des kurzen, enttäuschenden Aufenthalts in England im Jahre 1909 verfaßte, als er die britische Regierung zu bewegen suchte, sich für die Wahrung indischer Rechte in Südafrika einzusetzen. Das eine war ein »Glaubensbekenntnis«, aufgesetzt im Anschluß an eine vor Quäkern gehaltenen Rede über den Unterschied östlicher und westlicher Lebensauffassung. Das andere war ein Pamphlet, ›Hind Swaraj‹, das erste Werk, das seine Ansichten über die Situation in Indien darlegt; damals waren indische Terroristen in England aktiv am Werk, und er schrieb das Pamphlet in Form eines imaginären Dialogs zwischen einem »Leser« der den Terror vertrat, und einem »Verleger«, der unverkennbar als Sprachrohr gandhischer Ansichten fungierte. In beiden Schriften waren die Angriffspunkte mehr kultureller als politischer Natur. Meint der »Leser«, Indien solle sich die Freiheit über Leichen erkämpfen und dann, wie in Japan, einen modernen Militärstaat errichten, so antwortet der »Verleger«: »Sie wollen englische

Herrschaft ohne die Engländer. Sie wollen die Natur des Tigers ohne den Tiger.« Im »Glaubensbekenntnis« erklärt Gandhi, daß es keinesfalls eine Verbesserung bedeuten würde, britische Herrschaft durch eine auf modernen Methoden beruhende indische Herrschaft zu ersetzen. Laßt die Engländer in Indien bleiben, mahnt er in ›Hind Swaraj‹, laßt sie meinetwegen auch herrschen, solange dies im Dienste des Volkes geschieht und indische Bräuche respektiert werden.

Der springende Punkt ist nicht, wie er immer wieder betonte, das Übel der britischen Herrschaft, sondern das Übel der »modernen Zivilisation«, die durch und durch dem Materialismus verfallen ist. »Nicht die Briten sind es, die Indien beherrschen – Indien wird von der modernen Zivilisation beherrscht durch Eisenbahn, Telegraf, Telefon etc.« Die Inder müssen alles verlernen, was sie vom Westen in materieller Hinsicht gelernt haben, sie müssen Maschinen, moderne Verkehrsmittel, selbst die moderne Medizin aufgeben. Sie sollen – und dies liegt ihm ganz besonders am Herzen – keine maschinell hergestellte Kleidung mehr tragen, gleich, ob es europäische oder indische Fabrikate sind. Sie sollen die auf Tradition beruhende Kultur der 700 000 Dörfer Indiens, in denen die Mehrzahl seiner Bevölkerung lebt, wiedererwecken.

Von diesem Wunschbild sollte Gandhi später in mehreren Punkten abrücken; er kam zu der Erkenntnis, daß der Abzug der Briten aus Indien notwendig sei; er gab zu, daß einfache Maschinen nützlich sein könnten, ohne zur Sittenverderbnis zu führen; das Eisenbahnfahren hat er sich niemals abgewöhnt. Aber als er 1914 nach Indien zurückkehrte, stand es für ihn fest, daß das Indien der Zukunft sich auf das Wiederaufleben der Dörfer mit ihrer handwerklichen Tradition zu stützen habe. Das Tragen des Khadi oder handgesponnenen Tuches wurde ihm – und später allen Indern – zum Kennzeichen desjenigen, der nach der Freiheit Indiens trachtet, während das Spinnrad (das er, als er ›Hind Swaraj‹ schrieb, noch nicht einmal gesehen hatte) das Symbol seiner Philosophie und schließlich, falls es in die Landesfahne aufgenommen würde, das Wahrzeichen des modernen Indien werden sollte.

Die Rückkehr nach Indien im Jahre 1901 brachte Gandhi keine Triumphe ein; die nachlässige Art und Weise, mit der der Kongreß über seine, die Zustände in Südafrika betreffende Resolution hinwegging (man hatte ihm fünf Minuten Redezeit zugestanden), bewies, wie unbedeutend er damals wirkte. Das aufschlußreichste Erlebnis während dieses Besuches war nicht seine Begegnung mit den Mitgliedern des Kongresses, größtenteils dem Mittelstand angehörenden Juristen, sondern eine ausgedehnte Bahnreise in der dritten Klasse durch fast ganz Indien, auf der er zum ersten Mal die ganze Vielfalt seines Landes in ihrer Verbindung mit allgegenwärtiger Armut kennenlernte. Seine Landsleute schokkierten ihn wegen ihrer schmutzigen Kleidung und schlechten Manieren, aber er betrachtete sie voller Mitleid als Opfer eines unguten Systems.

Als er im Jahre 1915 wiederkam, war er ein gefeierter Mann, vergleichbar einem jener siegreichen Heerführer, die nach jahrelanger Abwesenheit zurückkehren, umwittert vom Hauch des Ungewöhnlichen und im Nimbus des unbestreitbaren Erfolges. Er wurde vom Gouverneur von Bombay empfangen und zusammen mit seinen Mitarbeitern von der Tolstoj-Farm von Rabindranath Tagore, dem angesehenen Weisen und durchgeistigten Dichter, in dessen freier Universität in Santiniketan willkommen geheißen; kurz darauf sprach Tagore ihm den Titel Mahatma, »Große Seele« zu, den er für den Rest seines Lebens eigentlich mehr als härenes Gewand trug. Im Mai 1915 zog er nach der Textilindustriestadt Ahmedabad und gründete das Satjagraha-Aschram, eine Art klösterlicher Institution, in der persönlicher Besitz, ausländische Kleidung und stark gewürzte Speisen verboten waren. Dort bewies Gandhi den Indern sogleich, daß das, was er über die Mißstände des Hinduismus gesagt hatte, keine leeren Worte waren, indem er Unberührbare als Mitglieder aufnahm. Es war der Anfang eines hartnäckigen Kampfes um Anerkennung der Unberührbaren, der für den Rest seines Lebens von seinen übrigen Wirkungsbereichen nicht mehr zu trennen sein sollte.

Die Jahre unmittelbar nach der Rückkehr Gandhis waren in gewisser Weise Lehrjahre für den moralischen Führungsanspruch in der Bewegung, die sich die Wiedergeburt Indiens zur Aufgabe gemacht hatte. Die alten Führer des Kongresses schieden allmählich aus. Gokhale starb kurz nach Gandhis Rückkehr, Tilak sollte 1920 sterben und Annie Besant, seit 1917 Präsidentin des Kongresses, war zu gemäßigt, um in der Zeit wachsender Unzufriedenheit und militanter Unruhe, die dem Ende des Ersten Weltkrieges folgte, ihren seinerzeit beachtlichen Einfluß wiederzugewinnen.

Wenn es auch kaum anzunehmen ist, daß Gandhi bewußt mit der Führerschaft rechnete, so wurde er immerhin, kaum zurückgekehrt, in eine Reihe von Aktionen hineingezogen, durch die er sich bei Indern – Studenten, Bauern und Industriearbeiter –, die bisher kaum mit der Tätigkeit des Kongresses in Berührung gekommen waren, als Aktivist radikaler Ideen und Taten einführte, der ganz in ihrem Sinne war.

Im Jahre 1916 wurde er, anläßlich der Eröffnung der Hindu-Universität in Benares für die Studenten zum Helden des Tages. In einer Rede, die Annie Besant als Beleidigung empfand, und mit der er die ganze Feier beinah zum Scheitern brachte, gab er den Indern unverblümt zu verstehen, daß sie erst einmal im eigenen Hause Ordnung schaffen sollten, bevor sie daran dächten, die Briten loszuwerden. Er rügte ihre Abneigung, sich ihrer Muttersprache zu bedienen, er äußerte sich vernichtend über den Schmutz in Benares und seinen Tempeln, er warf den einheimischen Fürsten – die hinter ihm auf dem Podium saßen – vor, daß sie die Juwelen, mit denen sie erschienen waren, auf Kosten sich plagender Bauern erworben hätten, er mokierte sich über die zur Sicherheit des Vizekönigs getroffenen Vorsichtsmaßnahmen und griff die Terroristen an, die solche Maßnahmen notwendig machten – wobei er zugleich einräumte, daß es die Unduldsamkeit war, die sie gezeugt hatte. »Ich selbst bin Anarchist, aber ein Anarchist anderer Art.« Und schließlich, als die Maharadschas sich anschickten, die Plattform zu verlassen, auf der so gefährliche Dinge gesagt wurden, gab er eine Erklärung ab, in der er eindeutig den Unterschied zwischen seiner Auffassung und derjenigen der Terroristen in bezug auf die Methoden eines Revolutionskampfes darlegte: »Sollte ich es zum Wohl Indiens für notwendig erachten, daß die Briten sich zurückzögen, daß man sie des Landes verweise, so würde ich nicht zögern, das laut zu verkünden und wäre – so will ich hoffen – bereit, für die Verteidigung dieser Überzeugung zu sterben. Dies wäre meiner Ansicht nach ein ehrenhafter Tod. Der Bombenwerfer schmiedet geheime Komplotte, scheut die Öffentlichkeit und muß, wenn er gefangen wird, für irregeleiteten Eifer büßen.« Gandhi hatte zwar noch nicht ausgesprochen, daß die Engländer gehen sollten, aber er ließ sie wissen, wie er ihren Abzug mit Sicherheit erreichen könne, und kurz darauf lieferte er zwei eindrucksvolle Beispiele von der Macht der auf indische Verhältnisse übertragenen Satjagraha. Er hatte die Gelegenheiten nicht gesucht, aber er machte das Beste daraus, mit dem Ergebnis, daß er, als es nach dem Krieg zu einem Kampf auf breiter Front gegen die britischen Behörden in Indien kam, bereits ganz beachtliche Erfolge gegen zwei mächtige Gruppen aufzuweisen hatte, gegen die britischen Plantagenbesitzer und die indischen Textilfabrikanten; dazu einen mäßigen gegen die lokalen Vertreter der Regierung von Bihar.

Im Dezember 1916 nahm Gandhi an der Sitzung des Kongresses teil, die in diesem Jahr in Lakhnau (Lucknow) stattfand. Er selbst hielt sich bei dieser Gelegenheit ziemlich im Hintergrund, indem er Tilak, Mrs. Besant und Jinnah, den Abgeordneten der Moslem-Liga, im Rampenlicht der Öffentlichkeit agieren ließ. Der Anlaß war insofern denkwürdig, als er dort zum ersten Mal Jawaharlal Nehru begegnete. »Wir alle bewunderten ihn wegen seines Kampfes in Südafrika«, erinnerte sich Nehru, »aber vielen von uns jungen Männern schien er sehr entrückt, andersartig und unpolitisch.« Von größerer, unmittelbarer Bedeutung als diese Begegnung war das Auftauchen eines Bauern aus einem entlegenen Landstrich Bihars, der den Weg zur Kongreßversammlung gefunden hatte und der aus irgend einer richtigen Eingebung heraus ahnte, daß Gandhi der wohl geeignetste Mann wäre, den Bauern, die er vertrat, eine Hilfe zu sein. Sie waren Indigopflanzer aus Champaran an der Grenze Nepals, die in einem nahezu feudalistischen System als – in Naturalien zahlende – Pächter arbeiteten. Als der indische Markt durch die Erfindung der Anilinfarben sank, suchten die Grundbesitzer sich schadlos zu halten, indem sie von den Bauern statt Indigo Bargeld forderten. Sie errichteten ein Schrekkenssystem zur möglichst lückenlosen Eintreibung ihrer Forderungen. Dieser Zustand hatte sich über vier Jahre hingezogen, und die ortsansässigen Anwälte hatten aus den Versuchen der Bauern, Abhilfe zu schaffen, Profit gezogen, ohne etwas für sie zu erreichen.

In Bihar angekommen feierte Gandhi seinen ersten Triumph: er gewann den Beistand der Anwälte unter der Führung Radschendra Prasads, des späteren Präsidenten von Indien. Er ging zum Ort der Auseinandersetzungen. Die Polizei befahl ihm, sich zurückzuziehen. Er widersetzte sich, wurde dem Richter vorgeführt und schuldig gesprochen, nachdem er bereits die Anwälte bewogen hatte, sich nach seinem Abtransport ins Gefängnis als Satjagrahis verhaften zu lassen. Ihre Kooperation war jedoch nicht erforderlich. Der Unterstatthalter von Bihar befahl, das Verfahren einzustellen. Eine Untersuchung wurde eingeleitet, an der Gandhi und seine freiwilligen Mitarbeiter sich am aktivsten beteiligten mit dem Erfolg, daß die Beschwerden der Bauern anerkannt und die Grundbesitzer gezwungen wurden, einen großen Teil der von ihnen erpreßten Gelder zurückzuerstatten.

Gandhi hat nicht nur die Bauern von Champaran vor

Ausbeutung gerettet. Er setzte auch das erste der zahlreichen gandhischen Projekte zur Sanierung der indischen Dörfer ins Werk, indem er von freiwilligen Lehrkräften geleitete Schulen gründete, Kanalisations- und Kläranlagen organisierte und für bescheidene Krankenhäuser sorgte. Obgleich sich das Exempel in Champaran – wegen des in diesem Anfangsstadium herrschenden Mangels an Freiwilligen – nicht nachhaltig auswirken konnte, war es doch ein Beweis für Gandhis praktischen Sinn; ihm hat es zugleich einen Einblick in das tiefe Elend vermittelt, in das die indischen Dörfer im 20. Jahrhundert abgesunken waren.

Für die Bauern von Champaran war der Sieg über die Plantagenbesitzer von größter Bedeutung. Für die Inder im allgemeinen bestand das Sensationelle dieses Vorfalls darin, daß Gandhi die britische Regierung in Indien auf friedliche Weise herausgefordert und daß die Regierung eingelenkt hatte. Er war geradezu ein Lehrbeispiel für erfolgreiche Satjagraha; ein einziger Satjagrahi hatte sich zum Leiden angeboten und hatte gesiegt, ohne es erdulden zu müssen. Er schien Gandhi recht zu geben mit seiner Behauptung, daß ein Mann, der die Wahrheit auf seiner Seite hat, unermeßliche moralische Macht ausüben könne.

Das zweite Beispiel erfolgreicher Satjagraha war eine Angelegenheit unter Indern. Der Kampf war insofern merkwürdig, als Gandhi einen Streik gegen einen Spinnereibesitzer aus Ahmedabad im Bunde mit dessen Schwester anführte, und eben dieser Spinnereibesitzer zufällig sein Freund und ein Wohltäter seines Aschrams war. Es ging um Lohnstreitigkeiten, ausgelöst durch die kriegsbedingten erhöhten Lebenshaltungskosten. Die Besitzer unter dem Vorsitz Ambalal Sarabhais boten eine Erhöhung von 20 Prozent; die Arbeiter, von Anasuja Sarabhai angeführt, forderten 35 Prozent. Gandhi erklärte sich bereit, ihre Führung unter folgenden Bedingungen zu übernehmen:

1. nie Gewalt anzuwenden;
2. nie Streikbrecher zu belästigen;

3. sich nie mit Almosen abfinden zu lassen;
4. standhaft zu bleiben, wie lang auch immer der Streik sich hinzöge, und während des Streiks das tägliche Brot durch irgend eine redliche Arbeit zu verdienen.

Gandhis Streiktheorie wich von der üblichen insofern ab, als er Streik nicht als Waffe wirtschaftlicher Nötigung betrachtete. Ihm bedeutete er die auf den Industriebereich ausgedehnte Satjagraha mit dem Ziel, den Arbeitgeber durch das Beispiel des um der Wahrheit willen erduldeten Leidens umzustimmen.

Zwei Wochen wurde der Streik mit unverminderter Ausdauer auf beiden Seiten durchgehalten. Dann begann die Entschlossenheit der Arbeiter dem Hunger zu weichen. Da kam Gandhi plötzlich, anläßlich einer Streikversammlung, »die Erleuchtung«, er verkündete, daß er sich des Essens enthalten werde, falls die Streikenden sich nicht zusammenraffen und bis zum Ende kämpfen würden. Es war das erste Mal, daß er das Fasten als Satjagraha-Waffe anwandte (von einem Bußefasten abgesehen, als auf der Tolstoj-Farm zwei Jungen bei Sodomie ertappt wurden). Und diese Waffe erwies sich als äußerst wirksam: die Spinnereibesitzer erklärten sich sofort bereit zu verhandeln, und der Streik wurde mit einer Kompromißlösung beigelegt, damit – darauf bestand Gandhi – auf keiner Seite ungute Gefühle zurückblieben. Die indirekte Auswirkung des Streiks war von längerer Dauer, als die der Satjagraha in Champaran, denn sie führte zur Gründung einer der gandhischen Gewerkschaften, der »Ahmedabad Textile Labour Association«. Diese Organisation bewährt sich noch in den 1970er Jahren, durch geschickte Schlichtungsmanöver sichert sie Löhne und Arbeitsbedingungen auf eine, verglichen mit anderen Textilfabriken Indiens, unübertroffene Weise und entwickelt eine Vielfalt von gegenseitigen Hilfsaktionen der Arbeiter unter sich.

In der Anwendung des Fastens im Streik von Ahmedabad begegnen wir einem fragwürdigen Grundzug der Satjagraha, genau genommen aller bisher bekannten Ungehorsamsmethoden. Gandhi hatte erklärt, daß Satjagraha keinen Zwang, nicht einmal moralischen Druck auf den Gegner ausüben dürfe; sie sollte ihn vielmehr dazu bewegen, sich aus eigenem Antrieb den Gesichtspunkten der Satjagraha zu unterwerfen. Es besteht jedoch kein Zweifel, daß mit dem Fasten in Ahmedabad ein Zwang ausgeübt wurde. Und dessen war sich Gandhi, nicht ohne Unbehagen, wohl bewußt. »Mein Fasten hatte einen schwerwiegenden Defekt (sagte er später) ... Ich stand mit den Spinnereibesitzern auf bestem kameradschaftlichen Fuße, und mein Fasten mußte unausweichlich ihren Entschluß beeinflussen. Als Satjagrahi wußte ich, daß ich nicht gegen sie fasten dürfte, sondern ihnen freie Hand lassen müßte, ihre Entscheidung nur vom Streik der Arbeiter abhängig zu machen. Ich fastete nicht wegen der von den Spinnereibesitzern begangenen Fehler, sondern um der Arbeiter willen, deren Interessen ich als ihr Vertreter teilte. Bei den Spinnereibesitzern konnte ich eigentlich nur für sie plädieren; gegen diese zu fasten wäre einer Nötigung gleichgekommen. Trotzdem, ungeachtet der Gewißheit, durch mein Fasten Druck auf sie auszuüben, konnte ich nicht anders handeln; ich hielt es für meine Pflicht.« Es sollten in Gandhis Leben noch viele andere Gelegenheiten kommen, bei denen er ebenso klar die Pflicht sah, sich Fasten aufzuerlegen, die ebenso dramatisch, ebenso wirkungsvoll und ebenso zwangausübend waren. Bei solchen Gelegenheiten spürt man, wie Gandhis Sinn für das Symbolische und sein intuitives Wissen um richtiges Handeln im richtigen Augenblick seine Objektivität zu trüben drohten. Das Fasten hat, mehr als irgend eine seiner anderen Aktionen, die bloße Möglichkeit in Frage gestellt, gewaltlose Aktion ohne einen gewissen Zwang mit Erfolg durchzuführen. Gegen die Inder angewandt, wirkte es nicht durch die Kraft der Wahrheit, sondern weil sie nicht die Schuld seines Todes auf sich nehmen wollten; gegen die Briten, weil diese die Konsequenzen fürchteten, d. h. die öffentliche Ordnung gefährdet sahen, wenn sie nicht nachgäben.

5. Kapitel

Gandhis These, die traditionelle indische Kultur sei weniger materialistisch als die des modernen Westens, ist höchst anfechtbar. Die Maharadschas, die er in seiner Rede in Benares wegen des arroganten Zurschaustellens ihres Reichtums verurteilt hatte, waren korrupte Relikte einer Tradition, die Macht, materielle Glücksgüter und alle nur denkbaren Sinnenfreuden denen zugestand, die durch ihr Karma zu Herrschern auserwählt waren. Es hat wohl vereinzelte Monarchen gegeben, die aus der Macht keine materiellen Vorteile gezogen haben mögen, wie etwa Aschoka (die Berichte über ihn sind widersprüchlich), und in jeder Generation hatte es Beispiele von Fürsten mit strenger persönlicher Zucht gegeben, obgleich dies – wie im Falle des Kaisers Aurangseb – insofern nicht unbedingt Vollkommenheit bedeutet, als Verzicht auf sinnliche Genüsse sich mit einem Lustgewinn an unumschränkter Macht kompensieren läßt. Aber selbst so zweifelhafte Fälle waren Ausnahmen. Eine sich dem Wohlleben hingebende Autokratie war eines der Symbole der Dekadenz, die Indien im 18. Jahrhundert zu einer leichten Beute für westliche Imperialisten werden ließ.

Immerhin, mochten Gandhis Vorstellungen von der indischen Vergangenheit in der Übertreibung ihres Antimaterialismus reichlich romantisierend sein, so besteht kein Zweifel, daß er selbst in manch anderer Hinsicht der letzte – vielleicht der beste – Vertreter des in die moderne Welt hineinragenden alten Indiens war. Die Dualität, in der er sich seinen Zeitgenossen präsentierte, ist immer noch der beste Schlüssel zum Verständnis Gandhis als politischer Persönlichkeit. In seiner Entwicklung einer Philosophie der Gewaltlosigkeit bis in ihre äußerste Konsequenz verband er

Erkenntnisse alter dschainistischer Heiliger mit denen westlicher Denker. In der Anwendung dieser synthetischen Philosophie jedoch griff er auf die politischen Realitäten zurück, die das alte Indien – ungeachtet aller Wertschätzung der Geistigkeit – nun einmal als notwendig für das wirkliche Leben anerkannte.

Vor langer Zeit, vor Christi Geburt, wurde von einem gewissen Kautilja, der Minister des Kaisers Tschandragupta gewesen sein soll, ein Traktat über politische Methoden, genannt ›Arthaschastra‹, verfaßt. Die darin abgehandelten Lehren politischer Zweckmäßigkeit wurden in den mehr oder weniger autonom gebliebenen Gebieten Indiens von einer Generation zur anderen weitergegeben, und es besteht kaum ein Zweifel, daß Gandhi in seiner Kindheit als Sohn des Ministerpräsidenten von Porbandar und später von Radschkot in einem Milieu aufwuchs, in dem diese alte Überlieferung in einer, durch jahrhundertelanges mohammedanisches und britisches Vasallentum verwässerten Form noch kursierte. Mochte das Schicksal Gandhi nicht beschieden haben, als Nachfolger seines Vaters Karamchand politisches Oberhaupt eines Kleinstaates in Kathiawar zu werden – als spätgereifte Gabe verlieh es ihm den politischen Scharfsinn der Gandhis. Und während man in seinem Handeln vergeblich nach dem erschreckenden Zynismus sucht, den Kautiljas ›Arthaschastra‹ über Jahrhunderte hinaus indischen Herrschern und ihren Staatsräten und Wesiren hinterließ – der politische Instinkt ist jedenfalls vorhanden.

Denn mit seinem hervorragenden Gespür, zur rechten Zeit zu handeln, mit seinem raschen, intuitiven Erfassen des Gleichgewichts der Kräfte, mit seinem Instinkt für die Wirkung symbolischer Handlungen und seiner Beherrschung der Strategie des Kampfes war Gandhi einer der fähigsten Politiker seiner Zeit; und um so bemerkenswerter, als er, eingedenk der Lehren der ›Bhagavadgita‹, niemals aus der Politik persönliche Vorteile zu ziehen suchte. Es interessierte ihn nicht, Herrscher zu sein, ihm lag vielmehr daran, die

Elemente der Macht zu manipulieren. So wurde er zum Vernichter eines Empire in der festen Überzeugung, damit nicht gegen sein Dharma, seine religiöse Pflicht, zu verstoßen. Denn seiner Meinung nach hatte jede Tat im Leben ihre Entsprechung im geistigen Bereich, und weltliches Tun – mochte es zu unserer Verdammnis oder Erlösung führen – trug für ihn mindestens ebenso religiösen Charakter wie die Ritualien derjenigen Männer, die sich Heilige nennen ließen.

Auf diese Weise kam Gandhi, als er schließlich den Briten seinen politischen Satjagraha-Kampf ansagte, der echten Tradition seines Landes sicherlich näher als mit der von ihm heraufbeschworenen Spinnradsymbolik, diesem Garten-Eden-Mythos eines goldenen Bauernzeitalters. Indessen unterschied sich Gandhi von Kautilja in einem wesentlichen Punkt. Wenn Gandhi auch die Politik als unerläßlichen Bestandteil der Pflichten eines religiösen Mannes akzeptierte, so ließ er sie nur gelten, wenn sie von der Religion erleuchtet war. Das ›Arthaschastra‹ vertrat die Doktrin, im Sinne der Schriften Machiavellis, daß der Zweck die Mittel rechtfertige: in Kautiljas Sicht lag die Politik der Gegenwart in den Fesseln des künftigen Ziels. Gandhi hingegen war der Auffassung, daß die Zukunft das Produkt der lebendigen Gegenwart sei, wobei das Ziel unvermeidlich von den Mitteln geprägt werde, und er hatte den unter Politikern selten zu findenden Mut (ein Element politischer Genialität, wenn tatsächlich einmal vorhanden), eine Aktion unverzüglich abzublasen, wenn die Wege zu Abwegen wurden; dies sei, seiner Ansicht nach, das wahre Wesen eines »Experimentes mit der Wahrheit«.

Ein augenfälliger Beweis für Gandhis politischen Realismus war seine flexible Haltung gegenüber der britischen Herrschaft in Indien. Da war nicht die geringste Spur jener Sentimentalität, die für den emotionalen Nationalismus charakteristisch ist. Sollte es sich erweisen, daß die britischen Herrscher unfähig wären, den Indern ein Leben der Freiheit und Würde zu gewährleisten, müßten sie eben gehen. Aber solange eine Chance bestand, daß ihre Gegenwart sich mit Gerechtigkeit gegen die Inder möglicherweise vereinbaren ließe, sah er bei seiner Rückkehr nach Indien keine Veranlassung, sie durch einheimische Herrscher des gleichen Schlages zu ersetzen.

Dies ist die Erklärung für das, was oft als Gandhis frappierende politische Inkonsequenz angesehen wurde. Im Jahre 1918 ging seine Bereitwilligkeit, mit den britischen Behörden zusammenzuarbeiten, so weit, daß er an einer von Vizekönig Lord Chelmsford einberufenen Versammlung teilnahm und den Briten sogar seine Hilfe bei der Aufstellung einer indischen Armee zusagte. Bei dieser Gelegenheit versicherte er Chelmsford, daß sein Sieg in Champaran ein Beweis für »die letztliche Souveränität britischer Gerechtigkeit« gewesen sei, und weiterhin, daß er, wenn es ihm gelänge, die Satjagraha-Idee in weite Volksschichten hineinzutragen, »ein Indien schaffen könne, das der ganzen Welt Trotz bieten würde«. Sich daraufhin als Rekrutenanwerber zu betätigen, bedeutete in gewisser Weise eine Antiklimax; auch hatte er in dieser Rolle keinen Erfolg – sie minderte nur vorübergehend seine Popularität im Kongreß und verhalf damit jenen, welche die Taktik der Gewalt vertraten, zu größerem Einfluß, als sie normalerweise erlangt hätten.

Besorgt über das Anwachsen des Terrorismus beschloß die britische Regierung, die seit dem Sepoy-Aufstand auf Nonkonformismus schon immer unverhältnismäßig heftig reagiert hatte, die Vorschläge aus dem Bericht einer von Richter Rowlatt geleiteten Kommission zur Ausführung zu bringen. Er empfahl im Juli 1918 schwere Strafen und geheime Gerichtsverfahren ohne Berufungsrecht für jeden, der des Terrorismus verdächtig oder selbst nur im Besitz eines Dokuments war, das als aufrührerisch ausgelegt werden könnte. In der Zeit zwischen dem Kommissionsbericht und dem Inkrafttreten der Rowlatt Bill im März 1919 verbanden sich Nationalisten aller Richtungen zu gemeinsamer Opposition. Und als Gandhi, kaum genesen von einem mit einer

Ruhr einhergehenden Nervenzusammenbruch, die britischen Argumente zurückwies und, zu einer nationalen Satjagraha gegen die Rowlatt Bill aufrufend, durchs Land zog, schien es allen selbstverständlich, diesem einen indischen Führer zu folgen, dessen Taktiken in Südafrika zu positiven Resultaten geführt hatten.

Damit trat Gandhi erstmals aktiv in die indische Politik ein, nachdem seine Aktionen in Champaran und Ahmedabad, was ihre Ziele und Taktiken angeht, im wesentlichen sozialer Natur gewesen waren. So wie ihm in Ahmedabad die Erleuchtung gekommen war zu fasten, war es diesmal ein Traum; der ihm eingab, »das Land zu einem allgemeinen ›Hartal‹ aufzurufen«. *Hartal* war eine traditionelle indische Form gewaltlosen Protests, eine Art Generalstreik, bei dem Ladeninhaber ihre Läden geschlossen hielten und Arbeiter ihre Werkzeuge niederlegten: leere Basare und Werkstätten als Ausdruck stillschweigenden Protestes gegen einen Herrscher, der ungerecht gehandelt hatte.

Zur Planung der Aktion, die sofort bei Inkrafttreten der Rowlatt Bill beginnen sollte, wurde in Bombay die »Satjagraha Sabha« gegründet. Lokale Komitees wurden, über ganz Indien verstreut, eingesetzt und Freiwillige angeworben, die die Gesetze brechen sollten; es wurde von ihnen erwartet, daß sie vorher zu ihrer Läuterung fasteten und beteten.

Von Anfang an war der gewaltlose Charakter der Kampagne starken Belastungen ausgesetzt. Als Gandhi sich am Vorabend des Hartal gegen den Kommunismus aussprach, indem er diesen mit anderen Erscheinungsformen gleichsetzte, die er als das Ergebnis westlicher Korruption betrachtete, gab er den gewalttätigen Revolutionären unmißverständlich zu verstehen, daß er nicht daran dächte, sich von ihnen als Werkzeug mißbrauchen zu lassen. »Der Bolschewismus ist das notwendige Resultat der modernen Zivilisation. Seine unsinnige Verehrung der Materie hat eine Schule entstehen lassen, für die materieller Fortschritt oberstes Ziel bedeutet und die jeden Kontakt mit den letzten Dingen im Leben verloren hat.«

Die zur Rowlatt-Satjagraha notwendigen Maßnahmen dienten weitgehend als Modell für spätere gewaltlose Kampagnen gegen die Briten. Außer dem Hartal und den Protestkundgebungen sollten Satjagrahis durch Übertretung einzelner, besonders belastender Gesetze ihre Verhaftung provozieren. Sie konnten entweder dem Salzsteuergesetz durch Salzgewinnung am Meeresstrand zuwiderhandeln, verbotene Bücher vertreiben (zu denen auch Gandhis Übersetzung von ›Unto this last‹ gehörte) oder die nicht konzessionierte Zeitschrift ›Satjagrahi‹ verbreiten, die Gandhi eigens zu diesem Zweck herausgab.

Der Vizekönig war von Gandhis geplanter Aktion rechtzeitig verständigt worden, und daran hielt man sich auch bei allen späteren Kampagnen, was den Schlachten, die sich Kongreßpartei und Regierung lieferten, den Anstrich von Turnieren oder Ritualkämpfen gab, bei denen Regeln zu beachten und Fouls verboten waren und der Ausgang von der Geschicklichkeit, Ausdauer und Fairneß der Kämpfenden abhing. In der Praxis war diese Form gandhischer Strategie nicht ganz so donquichottisch, wie es scheinen mag. Sie bewahrte die Bewegung vor dem Autoritarismus, der bei konspiratorischen Methoden unvermeidlich ist. Da nichts auf Überrumpelung beruhte, konnte Gandhi wesentlich flexibler vorgehen und zurückweichen, als es dem Revolutionär im allgemeinen möglich ist. Zudem blieb, durch die Beseitigung aller nur erdenklichen Gründe für eine Verstimmung der Gegenseite stets der Weg für Verhandlung und Kompromiß offen.

Der Widerhall, den der Aufruf zur Satjagraha fand, überstieg in seinem Ausmaß alle Erwartungen. Es war die erste regelrechte Massenkundgebung, in der sich der Wunsch der Inder nach Befreiung manifestierte. Am 30. März in Delhi begonnen und in den anderen großen Städten am 6. April fortgeführt, erwies sich Hartal als nahezu vollkommen.

»Millionen« Menschen sollen an den Demonstrationen teilgenommen haben, einschließlich Hindus und Moslems, Frauen und Schulkinder. Zum ersten Mal in der Geschichte Indiens schien die Frage der Unabhängigkeit über den engen Kreis der Gebildeten hinaus auch in den niederen Volksschichten Interesse zu finden.

Die Behörden reagierten mit Gewalt. Die Polizei schlug mit eisenbeschlagenen Knüppeln auf die Demonstranten ein, und in Delhi wurde auf sie geschossen. Im Pandschab, wo es bereits vor der Satjagraha zu Unruhen gekommen war, brach der Mob in Gewalttätigkeiten aus, und Gandhi, der sich von Bombay aufmachte in der Hoffnung, Ruhe stiften zu können, wurde von den Briten zurückgeschickt. Auch in anderen Teilen des Landes kam es zu Gewaltakten und dann am 13. April zu dem empörendsten Vorfall seit der Auflehnung, als Brigadegeneral Dyer in Amritsar seinen Gurkhas und Baluchen befahl, in die Menge zu schießen, die sich zu einer Demonstration im Dschallianwalabagh versammelt hatte; 379 Menschen wurden getötet und über tausend verletzt.

Gandhi war entsetzt über die beiderseitige Gewalttätigkeit, die durch eine Bewegung ausgelöst zu sein schien, die den Sieg durch Gewaltlosigkeit, durch die Kraft der Wahrheit anstrebte. Er fastete drei Tage zur Buße, blies dann am 18. April die Satjagraha ab und gestand, einen »himalajahohen Irrtum« begangen zu haben, als er die ungenügend vorbereiteten Massen zur Teilnahme an einer Bewegung ermunterte, die hochgradiges Training in Selbstkontrolle erfordere.

Dennoch war die Bewegung – obgleich sie vom Standpunkt rigoroser Satjagraha eine verheerende Wendung genommen hatte – kein völliger Mißerfolg. Sie hatte das Bewußtsein der Unabhängigkeit aus den Konklaven des Kongresses und den Zellen der Terroristen hinaus auf die Straßen und in die Häuser Indiens getragen. Sie hatte durch die Aktionen des fanatischen Dyer die brutale Gewalt enthüllt, auf der sich die britische Herrschaft stützte. Gleichzeitig hatte sie die Behörden gezwungen, ihre Taktiken zu revidieren, so daß die Rowlatt Bill praktisch nie zur Anwendung kam und andere, ähnliche Gesetzesentwürfe nicht gebilligt wurden.

Gandhi selbst hatte daraus eine wertvolle Lehre gezogen. An Orten mit eingearbeiteten Freiwilligen hatten keine Gewalttätigkeiten stattgefunden, sondern nur da, wo keine freiwilligen Mitarbeiter waren oder wo man diese gefangengenommen hatte. Daraus ging deutlich hervor, daß in Zukunft jede Satjagraha genau abgegrenzt und von zuverlässigen und berufenen Kräften geführt werden müßte. Im übrigen hatte Gandhi durch sein rechtzeitiges, dem Schlimmsten zuvorkommendes Zurückweichen nicht nur die Standhaftigkeit seiner Gewaltlosigkeitsprinzipien bewiesen, sondern auch durch einen geschickten taktischen Rückzug den Weg für wirksamere Aktionen geebnet.

Die drei Jahre, die auf das Scheitern der Rowlatt Bill folgten, waren für Satjagraha eine Periode erhöhter Aktivität, als Gandhi die tatkräftige Führung der Kongreßpartei übernahm und zur umfassenderen Unterstützung des Unabhängigkeitsfeldzugs die Agitation auf neue Bezirke ausdehnte. Nun, da er das wahre Gesicht imperialistischer Macht erkannt hatte, wußte er, daß dieser Feldzug nötig war. Einige seiner Aktionen, wie etwa seine Teilnahme an der Khilafatbewegung, waren kaum mehr als geschickte Manöver. Was kann ihm schon daran gelegen haben, ob der türkische Sultan weiterhin Kalif blieb oder nicht (die ganze Bewegung sollte ohnehin zusammenbrechen, als die Türken selbst sich entschlossen, das religiöse Oberhaupt abzusetzen und des Landes zu verweisen), aber er erkannte, daß die britischen Bestrebungen, das Kalifentum zu vernichten, unter den indischen Moslems böses Blut gemacht hatte; und indem er ihnen – als Hindu – seine Sympathie bezeugte, gewann er eine mohammedanische Gefolgschaft, besonders unter den Pathanen, und führte eine große Anzahl von ihnen dem Kongreß zu. Unterdessen war der Kongreß 1920 in Nagpur zusammengetreten, um Unabhängigkeit, »wenn möglich innerhalb, notfalls aber auch außerhalb des Britischen Empire«, zu fordern. Stärker und repräsentativer denn je zuvor hatte der Kongreß die britischen Versuche abgewiesen, das indische Volk zur Annahme der Diarchie zu bewegen (was für die Inder Selbstkontrolle über eigene lokale Angelegenheiten bedeutet hätte, während die Briten die Schlüsselpositionen behalten sollten und auch die Bestimmung der allgemeinen Politik); Gandhis Plan wurde akzeptiert, den Kongreß in eine disziplinierte gewaltlose Organisation der Tat umzuwandeln.

Gegen Ende des Jahres 1921 setzte sich der neuerdings militante und durch den Tod Tilaks im Sommer 1920 unter Gandhis bestimmenden Einfluß stehende Kongreß die Selbstregierung (Swaradsch) zum ehrgeizigen Ziel, und am 1. August gab Gandhi den ersten Anstoß zu einer neuen Satjagraha, indem er die goldene Kaisar-i-Hind-Medaille zurückschickte, die ihm für seine Samariterdienste in Südafrika verliehen worden war. Es war eine Kampagne mit der Parole, den imperialistischen Machthabern die Mitarbeit zu verweigern. Andere vornehme Inder verzichteten auf ihre Auszeichnungen, Studenten blieben den Vorlesungen fern, prominente Anwälte gaben ihre Praxis an britischen Gerichtshöfen auf und schlugen sich zu Gandhi als seine Assistenten, und in der Nordwestprovinz suchten Pathan-Satjagrahis Soldaten zur Fahnenflucht zu überreden.

Unterdessen startete Gandhi die »constructive campaign«, durch die er die Vereinfachung des indischen Lebens erreichen wollte, damit sich das Land der Unabhängigkeit würdig erwiese. Er eröffnete die ersten Geschäfte, in denen handgewebtes Khadi-Tuch verkauft wurde, und führte die Aufsicht über die erste der demonstrativen Verbrennungen ausländischer Kleidung, die auf den Straßen indischer Städte stattfanden. Mit seinem üblichen Sinn für effektvolle Gesten wählte er diesen Zeitpunkt, um nun auch noch das schlichte Hemd, Dhoti und das Käppchen – seine Tracht, seitdem er die europäische Kleidung abgelegt hatte – aufzugeben und sich nur mit einem Lendentuch zu bekleiden, womit er dreierlei erreichte: es demonstrierte die einfache Lebensweise, warb für handgewebtes indisches Tuch und identifizierte Gandhi mit dem ärmsten aller Inder. In dieser reduzierten Tracht reiste er monatelang durch Indien, und diese Reisen waren der Anfang seiner ungeheuren Popularität bei der Dorfbevölkerung, die in diesem hageren, halbnackten Männlein mit der großen Taschenuhr und dem schelmischen Grinsen hinter der Stahlbrille nichts weniger als einen großen Sannjasin, ja vielleicht sogar – wie viele glaubten – einen Avatar Krischnas des Erhabenen, eine unter ihnen wandelnde Gottheit sah. Die Gegenwart Gandhis sagte diesen Leuten mehr als sein Programm; und daß sein Name im Munde indischer Bauern heute noch so starke Resonanz findet, mag wohl daran liegen, daß ihre Treue eben weniger auf berechnender Überlegung beruhte als vielmehr gefühlsbetont war.

Mit Hilfe eben dieser Dorfbevölkerung plante Gandhi, in das nächste Satjagraha-Stadium einzutreten. In Bardoli, einem Bezirk Gudscharats, schlug er vor, die Massen zu einer Weigerung der Steuerzahlungen aufzurufen. Der Appell mußte wegen der Ankunft des Prinzen von Wales aufgeschoben werden. Der Kongreß empfing den Prinzen mit einem nationalen Hartal und dem Boykott aller Zeremonien, aber die Bewegung artete aus, und es kam in Bombay zu Straßenkämpfen, bei denen viele Menschen getötet wurden. Gandhi, der dies als ein böses Omen betrachtete, verschob den Steuerstreik, wenngleich damit die letzte Hoffnung auf Swaradsch für das Jahr 1921 aufgegeben wurde. Die Briten ihrerseits waren insofern nicht minder beunruhigt, als sie den Kongreß in Verdacht hatten, insgeheim einen gewaltsamen Aufstand vorzubereiten, und eine Reihe von Massenverhaftungen brachte im Dezember die militanteren Führer der Kongreßpartei ins Gefängnis; Gandhi selbst diesmal noch nicht.

Im Februar 1922 entschloß sich Gandhi endlich, den Steuerstreik in Bardoli auszurufen. Er würde, so warnte er den neuen Vizekönig Lord Reading, am 8. des Monats beginnen; er hoffe, der Streik könne sich von einem Bezirk zum andern über ganz Indien ausbreiten und der auseinanderfallende Verwaltungsapparat auf friedlichem Wege von den Satjagrahis übernommen werden, bis die Briten von der Unhaltbarkeit ihrer Herrschaft in Indien überzeugt sein würden. Drei Tage vor dem 8. brachen erneut Gewalttätigkeiten aus, diesmal in besonders erschreckender Form. Anläßlich einer Demonstration von Nicht-Mitarbeitern in Gorackpur wurden mehr als zwanzig Polizisten von Aufständischen ermordet und ihre Leichen in das brennende Rathaus geworfen. Wieder einmal hatten sich die Massen als unfähig zur Satjagraha erwiesen, und wieder einmal gab Gandhi eine Kampagne auf, die mit Blut besudelt war, obgleich sich der Vizekönig zu Unterhandlungen bereit gezeigt hatte. Selbst zu diesem fortgeschrittenen Zeitpunkt war er entschlossen, einen politischen Erfolg hinauszuschieben, um das zu vermeiden, was er als moralisches Versagen empfunden hätte.

Dies war einer der tiefsten Punkte in Gandhis Laufbahn. Wieder einmal hatte er einen Satjagraha-Feldzug kurz vor seinem Höhepunkt abgeblasen, und die Kampfmoral seiner Gefolgschaft war durch diese Entscheidung ebenso tief erschüttert worden wie die seine durch die Ereignisse in Gorackpur. Sein Einfluß wäre vielleicht völlig geschwunden, hätten die Briten nicht gerade diesen, seinen offensichtlich schwächsten Augenblick gewählt, ihn von der politischen Bühne abtreten zu lassen. Nichts hätte den geheimsten Wünschen Gandhis mehr entgegenkommen können. Beiden Teilen, ihm sowohl wie Indien, tat eine gewisse Zeit der Trennung not. »Die Entfernung meiner Person aus seiner Mitte wird für das Volk ein Segen sein«, sagte er, als er am 10. März 1922 in seinem Aschram verhaftet wurde.

Acht Tage später wurde er dem Richter Robert Broomfield von Ahmedabad vorgeführt: eine Begegnung, von der Indien heute noch als vom »Great Trial« spricht. Nicht nur, weil es ein bedeutsames Ereignis in der Befreiungsgeschichte war, sondern auch, weil es sich durch eine auf beiden Seiten einzigartig chevaleresk ausgetragene Form auszeichnete. Blicken wir jetzt, nach fünfzig Jahren, auf dieses Ereignis zurück, scheint es klar zu sein, daß Gandhi seinen Kampf bereits von vornherein so gut wie gewonnen hatte. Denn Broomfield, ein Veteran des indischen Staatsdienstes, teilte zweifellos das Unbehagen, das viele britische Beamte in Indien befiel, wenn sie einem mutigen und rechtschaffenen Mann gegenüberstanden, der sie, genau genommen, mit ihren eigenen politischen Theorien und ihrem eigenen Kodex ehrenhaften Verhaltens bekämpfte. Die Konversion – das Ziel der Satjagraha –, begann sich zu verwirklichen.

Gandhi bekannte sich schuldig. Es blieb ihm auch nichts anderes übrig, nachdem die Artikel im ›Young India‹, auf die sich die Anklage stützte, eindeutig zum Aufstand aufriefen. »Wir wollen die Regierung stürzen«, hatte er verkündet und den Non-cooperation-Feldzug von 1920 als »einen Kampf bis zum Ende« bezeichnet. Broomfield, der seiner Pflicht als der verdrießlichen Ausübung formalen Rechts nachkam, betonte ausdrücklich, daß Gandhi in den Augen vieler Inder als »ein großer Patriot und Führer« gelte. Während er ihn zu sechs Jahren Gefängnis verurteilte, gab er dem Richtspruch insofern eine ritterliche Wendung, als er dazu bemerkte, dies sei das Strafmaß, welches für seinen großen Vorgänger Tilak festgesetzt worden sei. Gandhi wiederum wies auf die Höflichkeit hin, mit der er behandelt worden sei, und die Verhandlung endete damit, daß Richter und Gefangener sich feierlich voreinander verbeugten. Das war keine Farce. Es war ein Ereignis, das offenbarte, wie es in Gandhis Macht lag, das bessere Ich seiner Gegner zu wecken, und das zeigte, wie er sich den Einflüssen anzupassen wußte, die in jenen entscheidenden Jahrzehnten zwischen den Kriegen die politische Haltung des britischen Volkes veränderten.

6. Kapitel

»Halte die Augen offen. Wende zum Guten, wo du es kannst. Halte still, wo du hilflos bist.« Diese Worte schrieb Gandhi im Jahre 1925 seiner englischen Anhängerin Madeleine Slade, und sie mögen als Überschrift dienen für die Jahre, die zwischen seiner Gefangennahme im Frühjahr 1922 und seiner sechs Jahre später erfolgten Rückkehr zu intensiver politischer Aktivität Ende des Jahres 1927 lagen. Es war eine Pause, eine Zeit, die der Wiedergewinnung der persönlichen Kräfte und der Umgestaltung seiner Operationsziele dienen sollte, während der sich seine Aufmerksamkeit weniger auf den politischen Kampf als vielmehr auf die Religion und die Entwicklung einer sozialen Doktrin konzentrierte, wovon im nächsten Kapitel die Rede sein wird.

Gandhi nahm seine Einlieferung ins Jerawda-Gefängnis bei Puna (Poona) mit großer Gelassenheit hin. Der voraussehbare, routinemäßige Ablauf des Gefängnislebens war ihm bereits vertraut, und wenn es auch übertrieben sein mochte, wenn er seinen Anhängern erklärte, daß er den Aufenthalt im Gefängnis als Erholung genösse, so wußte er doch den durch die Inhaftierung gewonnenen Abstand zu schätzen, der es ihm erlaubte, die Situation in Ruhe zu überdenken, eine Situation, heraufbeschworen durch die beängstigende Tendenz indischer Gewaltlosigkeitsbewegungen, eine Art schwelender Atmosphäre zu schaffen, die sich in Gewalt entlädt. Er schloß daraus, daß er sich mehr auf das »konkrete Programm« konzentrieren müsse, das durch die Reform der indischen Gesellschaft die sozialen Ressentiments abbauen würde, die derart destruktive Emotionen erzeugten.

In Jerawda schrieb er auch einen Bericht über die Satjagraha-Bewegung in Südafrika, begann mit der Niederschrift seiner Autobiographie, spann viele hundert Meter Baumwollgarn und verschlang mehr an Büchern als in je einer anderen Zeit seines Lebens. Er las Rudyard Kipling und Jules Verne, Waischnawa-Dichtungen und tantristische Abhandlungen sowie mehrbändige historiographische Meisterwerke wie Edward Gibbons ›Geschichte des Verfalls und Unterganges des römischen Weltreiches‹, John Motleys ›Der Abfall der Niederlande und die Entstehung des holländischen Freistaates‹ und das vollständige ›Mahabharata‹. Keines dieser Werke beeindruckte ihn so tief wie jene zwei, die ihm in seiner Jugend eine Offenbarung gewesen waren: ›Unto this last‹ und ›Das Reich Gottes ist in Dir‹. Er bewunderte Gibbon, aber er reichte seiner Meinung nach nicht an das ›Mahabharata‹ heran, weil »die Wahrheit über die Geschichte geht«; ein seltsamer, aber aufschlußreicher Ausspruch, wenn man bedenkt, daß er das ›Mahabharata‹ als einen vorbildlichen Mythos betrachtete. Wie so viele in indischer Tradition aufgewachsene Menschen hatte Gandhi nur einen schwach ausgeprägten Sinn für Geschichte und geringes geistiges Bedürfnis danach. Was ihn beschäftigte – mehr als Vergangenheit und Zukunft –, war die Gegenwart, in der Mythen wesentlich nützlicher waren als die Geschichte; das hat sein eigenes, von ganz bewußten symbolischen Handlungen getragenes Leben bewiesen. Der Mann, der den großen Krieg der Pandawas als eine Allegorie, als einen Widerstreit von Gut und Böse im menschlichen Herzen deuten konnte, trug alle Voraussetzungen in sich, einen Kampf auszutragen, in dem die psychologischen Elemente – Wiedererweckung des indischen Selbstbewußtseins und Untergrabung der britischen Rechtschaffenheitslegende – weitaus wichtiger waren als die Mobilisierung physischer Kräfte.

Die Zeit sollte kommen, in der Gandhi tatsächlich seine konsequente Behauptung, daß »Gewaltlosigkeit aus härterem Material« bestünde »als Armeen«, unter Beweis stellen würde, aber als er im Februar 1924 krankheitshalber vorzeitig aus der Haft entlassen wurde, war er sich darüber im klaren, daß der Zeitpunkt zur Verwirklichung noch denkbar ungünstig war. Die Kongreßpartei hatte an Macht und Einigkeit eingebüßt, nachdem ihre irrationale Hoffnung, Swaradsch noch im Jahre 1921 durchzusetzen, zu Grabe getragen worden war. Mit der Aufhebung des Kalifats durch Kemal Atatürk war die von der Khilafatbewegung unterstützte künstliche Eintracht der Hindus und Moslems zusammengebrochen. Kommunale Streitigkeiten zwischen den Anhängern beider Religionen hatten im September zu einem Massaker von Hindus in Kohat in der Nordwestprovinz geführt, und Gandhis erster denkwürdiger öffentlicher Akt nach seiner Freilassung war ein einundzwanzigtägiges Fasten – als Protest gegen die wiederauflebenden Feindseligkeiten zwischen Hindus und Moslems. Dieses führte zwar zu einer vorübergehenden Aussöhnung der Führer beider Religionen, konnte jedoch nicht verhindern, daß die Moslem-Liga, eine von den Briten als Rivalin der Kongreßpartei unterstützte Organisation, an Stärke zunahm. Aber selbst abgesehen von der Liga, zeichnete sich deutlich eine Zersplitterung der Unabhängigkeitsbewegung ab, und während der zwanziger Jahre machten sich die ersten Ansätze politischer Kräfte bemerkbar, die heute noch an der Gestaltung Indiens mitwirken. Der Kommunismus bot sich als eine unabhängige Bewegung an, zu der sich viele ehemalige terroristische Parteien hingezogen fühlten; der Hindu Mahasabha, fanatischer Anti-Moslem erhob die Forderung nach der von Tilak begründeten Tradition politischer Orthodoxie. Gandhi war entschiedener Gegner beider Richtungen; damals wie auch späterhin betrachtete er Indien als ein pluralistisches Land, in dem Menschen aller Glaubensbekenntnisse einmal brüderlich zusammenleben würden. Er lehnte die kommunistische Theorie der Diktatur des Proletariats ebenso bestimmt ab wie die Bereitschaft der Kommunisten, Gewalt anzuwenden.

Selbst innerhalb der Kongreßpartei gab es beunruhigende Spannungen. Eine Gruppe unter der Führung von Motilal

Nehru und den Brüdern Patel hatte beschlossen, die eng begrenzten Möglichkeiten zu akzeptieren, welche die Diarchie für Unabhängigkeitsbestrebungen innerhalb des Establishment bot. Diese Gruppe hatte die Swaradsch-Partei gegründet, die bei den Wahlen einen beachtlichen Erfolg erzielte. Jawaharlal Nehru und andere jüngere Führer der Opposition setzten sich für die Fortführung der Politik der Non-cooperation ein, und aus dieser Gruppe war die demagogische Figur Subhas Chandra Boses (des späteren Schützlings der Japaner und Hitlers) hervorgegangen, der mit seinen vorzugsweise mit »Blutvergießen« gespickten Phrasen und seiner Vorliebe, in Uniform an der Spitze seines militanten Freikorps einherzustolzieren, bei Gandhi auf tiefstes Mißtrauen stieß.

Diese Zeit schien Gandhi nicht geeignet für überstürzte Aktionen, ja sogar ungeeignet, Prinzipien bis zur äußersten Konsequenz durchsetzen zu wollen, und im Dezember 1924 nahm er den Vorsitz der Kongreßpartei nur an, um sein Talent zu Kompromissen zu entfalten und auf diese Weise die konkurrierenden Gruppen von einer Abwanderung abzuhalten. Während seiner einjährigen Amtsperiode vermied er jede weitere politische Initiative und verbrachte den größten Teil seiner Zeit damit, in Indien herumzureisen, wobei er für Verbreitung von Kadhi sorgte und eine »All Indian Spinners Association« gründete. Ende 1925 gab er den Vorsitz mit sichtlicher Erleichterung wieder ab und enthielt sich von da an Zeit seines Lebens jeglichen Amtes in der Organisation der Kongreßpartei. Auch ließ er wissen, daß er beabsichtige, 1926 zum Jahr des Schweigens zu machen.

Die Idee des Schweigens als regenerierende Kraft hatte Gandhi angesprochen, seitdem er dreißig Jahre zuvor in Südafrika ein Trappistenkloster besucht hatte und von der heiteren Gelassenheit der dort herrschenden Disziplin beeindruckt worden war. Schon hatte er sich zur Regel gemacht, jeden Montag als Tag des Schweigens einzuschalten und dies so genaugenommen, daß er – wenn unbedingt nötig – nur mittels bleistiftgekritzelter Notizen mit seiner Umwelt kommunizierte. Seinem politischen Schweigen maß er die Bedeutung einer sinngemäßen Abgeschiedenheit zu, indem er sich in sein Aschram in Sabarmati zurückzog, wo er seine Tage mit Meditation zubrachte, sich an der schweren Gemeinschaftsarbeit beteiligte, Gebetsversammlungen abhielt und sich mit Besuchern unterhielt, die nicht nur aus vielen Teilen Indiens, sondern auch aus Europa und den Vereinigten Staaten angereist kamen. Hatten diese den Wunsch zu bleiben, mußten sie sich der strengen Disziplin des Aschrams unterwerfen. Sein kurzes Gastspiel in England hatte sich dahingehend ausgewirkt, daß er fanatisch auf Pünktlichkeit und Sauberkeit bestand, und mit seinem Abscheu vor Verschwendung und der von ihm eingeführten, über jeden eingenommenen und ausgegebenen Anna Rechenschaft ablegenden Buchführung konnte er seine Herkunft aus der Kaufmannskaste der Bania nicht verleugnen.

Viele Menschen fanden es der Mühe wert, die psychischen und physischen Unbequemlichkeiten auf sich zu nehmen, um an Gandhis Gedanken teilzuhaben und den ökumenischen Ritualien des Aschrams beizuwohnen. Es waren die Jahre, in denen Gandhi seinen Ruf als religiöser Lehrmeister begründete. Während die Engländer und Amerikaner auf ihrer rastlosen Suche nach Seelenfrieden in ihm den Guru sahen, gingen die Gonds, die Ureinwohner Zentralindiens, bereits so weit, ihn als eine ihrer Stammesgottheiten zu verehren. Gandhi erhob weder Anspruch auf das eine noch auf das andere. Aber allein schon der Umstand, daß er den Lebensstil eines Rischi, eines »heiligen Weisen«, gewählt hatte, der in Armut einhergeht oder im Kreise seiner auserwählten Jünger in seiner Einsiedelei lebt, führte unweigerlich zu derartigen Identifikationen. Man stieße tatsächlich auf Schwierigkeiten, wollte man, selbst unter Hinzuziehung des politischen Wortschatzes, den entscheidenden Einfluß zu erklären suchen, den Gandhi in der Kongreßpartei ausübte, ohne (ein einziges Jahr ausgenommen) irgendein offizielles Amt in deren Hierarchie zu bekleiden, es sei denn, man griffe auf die indische religiöse Terminologie zurück. Seine Beziehung nicht nur zur Kongreßpartei insgesamt, sondern vor allem zu Nehru war in der Tat die eines Guru. Es war eine spezifisch indische Rolle und gewiß einmalig in der Geschichte der Revolutionen, sowohl der nationalen wie der sozialen. In allen anderen revolutionären Bewegungen war die Verbindung zwischen Führer und Partei institutionalisiert; in Indien blieb der Führer frei, er war eine Art Vermittler zwischen der Partei und dem Volk und – so mag Gandhi es sicherlich aufgefaßt haben – zwischen der Partei und Gott.

Gandhis politische Zurückgezogenheit fand im Oktober 1927 ein jähes Ende, als an ihn – wie auch an andere indische Führer – die Aufforderung erging, in Delhi mit dem Vizekönig Lord Irwin zu verhandeln. Als die Inder vor ihm erschienen, eröffnete ihnen Lord Irwin, daß die britische Regierung eine Kommission unter dem Vorsitz von Sir John Simon nach Indien entsenden werde, um über die Möglichkeiten verfassungsmäßiger Änderungen Bericht zu erstatten. Die Kommission war ohne Beratung mit den Indern eingesetzt worden, und keins ihrer Mitglieder war Inder. Sie war einzig und allein dem Parlament in Westminster verantwortlich, also der Institution, die Irwin und seine Vorgesetzten daheim als diejenige ansahen, die für Indiens Zukunft die Verantwortung trug.

Diese Erfahrung veranlaßte Gandhi, zum Kämpfen aufgelegt, zur Politik zurückzukehren. Die Simon-Kommission war abzulehnen, weil sie den Indern das Recht absprach, ihre Zukunft selbst zu bestimmen. Und als sie am 3. Februar 1928 eintraf, wurde sie in der Tat von allen indischen Parteien, die Moslem-Liga und hinduistische Mahasabha inbegriffen, boykottiert. Gandhi hielt die Zeit für gekommen, zum Steuerstreik in Bardoli – sieben Jahre zuvor von ihm geplant – aufzurufen, und er setzte Vallabhai Patel als Anführer ein. Er nutzte die Gelegenheit zu einer Erklärung, in der sich seine Ziele zum ersten Mal über den indischen Bereich hinaus erstreckten. In Südafrika hatte er die Forderungen der schwarzen Mehrheit ignoriert und sich nur für die Inder eingesetzt. »Ich habe weit höhere Ambitionen als die Unabhängigkeit«, sagte er jetzt. »Durch die Befreiung Indiens suche ich die sogenannten ›schwächeren‹ Rassen von dem zermalmenden Druck westlicher Ausbeutung zu befreien, einer Ausbeutung, an der England in größtem Maße beteiligt ist.« Zum ersten Mal sah er sich in der Rolle, die – unter vielen anderen – so recht seine eigentliche war: Pionier des Abbaus des gesamten imperialistischen Systems.

Der Steuerstreik zu Bardoli war ein nahezu einwandfreies Beispiel angewandter Satjagraha und, was noch wichtiger war, der erste völlig gelungene Feldzug des zivilen Ungehorsams gegen die derzeitige Regierung Indiens. Ungeachtet der Verhaftungen und Zwangsmaßnahmen, die in höchst brutaler Form stattfanden, enthielten sich die 84000 Bauern des entsprechenden Bezirks der Gewalt und blieben standhaft bei ihrer Weigerung, Steuern zu entrichten. In weniger als sechs Monaten, nach einem nationalen Hartal zur Unterstützung der Bevölkerung von Bardoli, gab die Regierung nach, entließ alle Gefangenen und setzte eine Prüfungskommission ein, welche die von den Bauern geforderten Steuererleichterungen bewilligte und für das beschlagnahmte Gut Entschädigungen bot.

Durch einen solchen Erfolg gandhischer Taktiken ermutigt, verfaßte die Kongreßpartei eine Resolution, in der die Unabhängigkeit binnen Jahresfrist gefordert wurde. Spätestens im Dezember 1929 wurde es evident, daß Ramsay MacDonalds Andeutungen über die Möglichkeiten eines Dominion-Status sich kaum verwirklichen lassen würden, weil in England die politischen Voraussetzungen hierfür fehlten. So beschloß die in Lahore tagende Kongreßpartei die totale Trennung vom Empire. Alle Mitglieder wurden aufgefordert, den gesetzgebenden Versammlungen fernzubleiben und alle Ämter niederzulegen. Nehru wurde zum Parteivorsitzenden gewählt und Gandhi zum Führer der die ganze Nation umfassenden Satjagraha ernannt. Es war ihm überlassen, ihr Ausmaß und den günstigsten Zeitpunkt dafür zu bestimmen.

Am 26. Januar, der jetzt als Nationalfeiertag begangen wird, veröffentlichte Gandhi die Indische Unabhängigkeitserklärung, ein Dokument, das die rein politischen Interessen vieler seiner Kongreßparteigenossen mit seiner eigenen Auffassung der – sowohl sozial als geistig orientierten – Befreiung vereinte. Die Bitterkeit, die aus diesem Dokument spricht, läßt so recht den weiten Abstand erkennen, der ihn im Geiste von jener Zeit trennte (kaum zwölf Jahre war es her), in der er noch glaubte, daß das Britische Empire für das Wohl der Völker sorge, die es beherrschte. »Die britische Regierung Indiens«, heißt es in seiner Präambel, die wie nicht anders zu erwarten, die Unantastbarkeit der Menschenrechte behandelt, »hat nicht nur das indische Volk seiner Freiheit beraubt, sondern basiert auf der Ausbeutung der Massen und hat Indien in wirtschaftlicher, politischer, kultureller und geistiger Hinsicht ruiniert. Wir sind daher der Überzeugung, daß Indien die britischen Beziehungen abbrechen und zu ›Purna Swaradsch‹, zur totalen Unabhängigkeit kommen muß.«

Gandhi hatte es mit der Satjagraha nicht sonderlich eilig. Die Form, die er dann schließlich für sie wählte, war selbst für seine Kongreßparteigenossen eine Überraschung, und viele von ihnen machten sich über seinen Plan lustig. Nun war eine der Grundregeln von Satjagraha – wie Gandhi sie auffaßte – von jeher gewesen, sich ein begrenztes Ziel zu setzen, und die Salzsteuer war, aus vielerlei Gründen, eine ideale Zielscheibe. Die Steuer traf vor allem die Armen und hatte in ihren Auswirkungen bereits historische Bedeutung erlangt: eine Salzsteuer hatte, als einer der übelsten Mißstände, die Französische Revolution heraufbeschworen. Nicht nur, daß der Widerstand gegen sie bei den Bauern Anklang finden würde, sie gehörte auch zu jenen Praktiken der britischen Regierung in Indien, deren Entlarvung dem englischen Volk die Augen öffnen würde über die Lasten, die einem anderen Volk in seinem Namen aufgebürdet wurden. Auf diesen Punkt legte Gandhi ganz besonderen Wert; er betonte ihn ausdrücklich in einem Brief, den er durch Boten Lord Irwin zukommen ließ. (Der Bote war der bekannte englische Pazifist Reginald Reynolds.) Den Vizekönig mit »Lieber Freund« anredend erklärte er, daß er keinen einzigen Engländer oder irgendwelche legitimen englischen Interessen zu schädigen gedenke und fuhr fort: »Ich habe keinen geringeren Ehrgeiz als den, das britische Volk durch Gewaltlosigkeit zu überzeugen und es so zu der Erkenntnis des Unrechts zu führen, das man Indien zugefügt hat. Ich habe nicht die Absicht, Ihrem Volke Böses anzutun. Ich will ihm nur dienen, wie ich meinem eigenen Volk diene.« Bei aller noblen Gesinnung war dieser Brief eine milde ausgedrückte Drohung, und Irwin, wie nicht anders zu erwarten, begnügte sich damit zu antworten, daß er Gandhis Beschluß, einen Kurs einschlagen zu wollen, der ihn mit dem Gesetz in Konflikt bringen würde, bedaure.

Gandhi sah seinen Kurs jetzt klar vor sich. Er wollte einer sich steigernden Wirkung vertrauen, einer Bewegung, anfangs klein und in ihrer Zielsetzung nahezu kindisch simpel, die sich wie kräuselnde Wellen im See fortsetzen und schließlich ganz Indien überfluten würde. An der Spitze von 79 Freiwilligen verließ er am 12. März in der Morgendämmerung den Sabarmati Aschram und machte sich mit ihnen auf den Weg nach dem 241 Meilen entfernten, an der Meeresküste gelegenen Dandi. Eine riesige Menschenmenge gab ihnen beim Auszug aus Ahmedabad das Geleit, und während des Marsches waren die 79 Freiwilligen nur die winzige Spitze einer vieltausendköpfigen Prozession. Der Vizekönig hatte eine Politik der Nichteinmischung angeordnet, davon überzeugt, daß der Marsch ein Fehlschlag sein würde. Stattdessen wurde er zu einem triumphalen Erfolg; die Dorfbewohner bestreuten die Straßen, die Gandhis Fuß betrat, mit grünen Zweigen und scharten sich allabendlich zu hunderten unter den Peepulbäumen, um sich von ihm mit seiner hohen, leisen Stimme über die Glorie der Freiheit und die Köstlichkeit eines moralischen Lebenswandels aufklären zu lassen. In der Vorstellung von Beteiligten wie von Außenstehenden nahm das ganze Unternehmen eine mythische Bedeutung an, und Menschen aus allen Teilen Indiens und aus aller Welt verfolgten mit Spannung – so, wie sie Lindberghs Flüge verfolgten – den langsamen, bedächtigen Vormarsch des kleinen Mannes mit dem Bambusstab, der seine friedfertige Armee ans Meer führte. Gandhi selbst durchlebte diese Tage wie in einem Märchen; gleich einem Schauspieler, der sich mit seiner Rolle identifiziert, versenkte er sich in die des gewaltlosen Heerführers, der die Mächte des Guten zum Sieg über das Böse anführt wie Hanuman in den Geschichten des ›Ramajana‹, denen er in seiner Kindheit mit Wonne gelauscht hatte. »Wir marschieren im Namen Gottes«, war der Schlachtruf, mit dem er in die Dörfer einzog, und wenn andere in ihm einen Avatar sahen, so betrachtete er sich damals selbst zweifellos in nahezu manischer Übersteigerung als einen einzigartig erleuchteten Propheten.

Die Marschierenden erreichten Dandi, und am 6. April, dem Jahrestag des Massakers von Dschallianwala-Bagh, betrat Gandhi, nach einem zeremoniellen Bad im Meer, den Strand und hob ein wenig Salz auf; und die Dichterin Sarolini Naidu jubelte ihm zu »Heil Dir, Befreier!« Die Wirkung dieser schlichten Geste war verblüffend. Seit 1922, während der ganzen Jahre der Stagnation, hatte sich die Überzeugung, daß diese Fremdherrschaft ein Ende finden müsse, unter Indern aller Klassen ausgebreitet, während die geduldige und beharrliche Arbeit der Anhänger Gandhis für umfassenderes Verständnis der für Satjagraha notwendigen Disziplin gesorgt hatte. Als Gandhi das Salz aufhob, war es gerade so, als habe die Betätigung eines Schalters einen großen komplexen Mechanismus in Bewegung gesetzt. Überall in Indien fingen die Leute an, Salz herzustellen – an der Küste, auf Hausdächern – und es auf den Straßen zu verhökern. Die Gesetzgeber und Behörden waren machtlos. Hunderte von Dorfvorstehern legten ihr Amt nieder; Zeitungen wehrten sich gegen die Zensur, indem sie ihr Erscheinen einstellten. Es fanden die üblichen Hartals und Massenkundgebungen statt, überwacht von gewaltlosen Freiwilligen. Oben in Peschawar weigerten sich Männer des Garhwali-Schützen-Regiments, eines berühmten Hindu-Regiments der britischen Armee, auf die Demonstranten zu schießen, und zwei Wochen lang – bis zur Ankunft der Gurkha-Truppen – war die Stadt eine freie, vom einheimischen gandhischen Führer Khan Abdul Ghaffar und seinen »Rothemden« verwaltete Gemeinde. Frauen schlossen sich, selbst unter Mißachtung der Purdah in noch nie dagewesenem Ausmaß der Bewegung an. Diesmal gab es keine Beeinträchtigung der Satjagraha durch Gewalt; wie Gandhi es versprochen hatte, wurde keinem einzigen Engländer ein Haar gekrümmt.

Wenn Gandhi und seine Anhänger geglaubt hatten, dies sei nun das Ende der britischen Macht, dann hatten sie sich geirrt. Die Regierung verhaftete 60 000 Menschen und unterdrückte mit Härte die Bewegung in Peschawar. Die meisten der Kongreß-Führer saßen im Gefängnis, aber Gandhi standen noch tausende trainierter Freiwilliger zur Verfügung, und er kündigte an, daß Satjagraha mit der gewaltlosen Besetzung der Regierungs-Salzwerke sich aktiver denn je zuvor erweisen würde. Die Drohung führte zu seiner Verhaftung am 4. Mai, was aber die Bewegung nicht aufhalten konnte, da Gandhi für diesen Fall vorgesorgt hatte. Seine Inhaftierung ohne ein Gerichtsverfahren auf Grund einer alten Verordnung aus der Zeit der East India Company hatte ein über das ganze Land sich ausdehnendes Hartal zur Folge, und am 21. Mai drangen seine Anhänger in die Dharasana-Salzwerke ein. Es war ein eindrucksvolles Beispiel angewandter Taktik der Gewaltlosigkeit. Die 2500 ausgewählten Freiwilligen rückten wie eine Liliputarmee vor, mit ihrem Verpflegungsapparat, ihrer Ambulanz, mit Tragbahren und

Sanitätern. Vierhundert bewaffnete Polizisten bewachten die Salzwerke. So, wie selbst heutzutage noch indische Polizisten reagieren, wenn sie unter Druck gesetzt werden, verloren sie die Nerven und fielen mit blinder, roher Gewalt über die Satjagrahis her, die in immer sich erneuernden Schüben vordrangen. Viele erlitten Schädelbrüche, einige starben und hunderte mußten ins Krankenhaus eingeliefert werden. Der Kampf endete damit, daß die Salzwerke nicht besetzt wurden; aber wenn auch die Satjagrahis gescheitert waren – ihr Mut wurde von amerikanischen und britischen Zeitungen hervorgehoben und beeindruckte die Welt.

Hier hatte die Bewegung ihren Höhepunkt erreicht. Hunderttausend Menschen, die Elite der Kongreßpartei, saßen im Gefängnis und der Widerstand war, bei Weiterführung der Non-Cooperation, auf Sparflamme gestellt, sodaß Bombay und andere Städte praktisch in den Händen gandhischer Schattenregierungen waren. Der Vizekönig hatte, ebenso wie Gandhi, das Gefühl, daß man an einem toten Punkt angelangt und eine Lösung nur durch ein Gespräch zu ermöglichen sei. So entließ er am 26. Januar 1931 die Mitglieder der Kongreßpartei aus dem Gefängnis und lud Gandhi zu einer Unterredung nach Delhi ein. Das Resultat tagelanger Gespräche war der das Gesicht wahrende Irwin-Gandhi-Pakt. Man kam überein, daß Salz für den persönlichen Gebrauch hergestellt werden dürfte, daß die 100000 gefangenen Freiwilligen freigelassen würden, daß Gandhi die Kongreßpartei bei der Round-Table-Konferenz vertreten würde, die in London stattfinden und den nächsten Schritt zur Errichtung einer konstitutionellen Regierung für Indien bestimmen sollte.

Der unmittelbare Gewinn war mäßig, denn in London angekommen mußte Gandhi feststellen, daß die Round-Table-Konferenz nichts anderes als das Spiegelbild der reichlichen Verworrenheit indischer Gesellschaft war. Da waren Abgeordnete der Moslems, der Sikhs und der Christen, der Unberührbaren und Eurasier, der Fürsten, der Parteien und der Großgrundbesitzer, und wenn auch Gandhi (in verzeihlicher Übertreibung) behauptete, 85 Prozent der Inder zu vertreten, so ging seine Stimme doch im Tumult widerstreitender Interessen unter. Die Konferenz schien vom Problem der Minderheiten und deren Sicherstellung geradezu besessen, ohne Rücksicht auf das, was Gandhi als unbedingte Grundlage der Unabhängigkeit betrachtete. Er hatte die Briten in Verdacht, die Uneinigkeit hochzuspielen, die nach seiner Meinung in einem freien Indien leicht zu beheben sein würde. Wie die Ereignisse seit 1947 im Subkontinent bewiesen haben, unterschätzte er in hohem Maße die trennenden Faktoren des Glaubens und der Sprache in einem Land, das er nun einmal als eine Einheit betrachtet haben wollte. Hier zeigte sich (welche Ironie!) der Einfluß, den der Westen auf Gandhis Denken ausgeübt hatte, denn ein vereinigtes Indien war – von vagen Ansätzen in alten Zeiten abgesehen – in praktischer und historischer Hinsicht ein britisches Konzept.

Gandhis wirkliche Errungenschaft bei seinem Besuch in England war die außergewöhnliche Sympathie, die er bei der arbeitenden Bevölkerung im East End Londons und in den textilverarbeitenden Städten von Lancashire erweckte, wo seine Swadeschi-Kampagne gegen ausländische Textilien zur Arbeitslosigkeit der Weber beitrug. Er erschien ihnen als eine orientalische Variante von Charlie Chaplins kleinem Mann; »Old Gandhi« blieb ihnen von nun an als eine Persönlichkeit in Erinnerung, und seine Sache fand bei denjenigen Unterstützung, die eines Tages eine Regierung nach Westminster entsenden sollten, welche den Abbau des Empire betrieb.

Als er Ende 1931, nach einem Besuch bei Romain Rolland und Mussolini, zurückkehrte, befand sich ein neuer, mit größerer Härte durchgreifender Vizekönig, Lord Willingdon, an der Macht. Wieder wurde die Politik der Unterdrückung angewandt. Nehru und andere Kongreßparteiführer saßen im Gefängnis. Gandhi selbst wurde am 4. Januar

1932 verhaftet und wieder ohne Gerichtsverfahren gefangengehalten. Sein Interesse wandte sich vom Ziel der Unabhängigkeit ab und konzentrierte sich auf das der Unantastbarkeit, und wieder einmal zog er sich für eine gewisse Zeit vom Kongreß zurück, um sich dann bis 1940 jeder politischen Aktivität zu enthalten.

Immerhin, wenn ihre Wirkung fürs erste auch recht dürftig schien, so verdiente die Salz-Satjagraha doch vollauf den Platz, den sie heute in der Befreiungslegende Indiens einnimmt. Sie stärkte in hohem Maß die Selbstachtung der Inder und ihr Vertrauen, ihr Land nicht nur befreien, sondern, wenn es einmal frei sein würde, auch selbst regieren zu können. Nie zuvor hatten sich so viele Menschen bereit gezeigt, um der Sache willen Leiden auf sich zu nehmen; noch nie hatte man eine so vorbildliche Disziplin gesehen; nie zuvor war eine so große Kampagne durchgeführt worden ohne in Gewalt auszuarten; niemals waren Frauen und Bauern so intensiv beteiligt gewesen; nie zuvor hatte es – wie in Peschawar und in geringerem Ausmaß in Bombay – Beispiele gegeben, in denen die lokale Verwaltung praktisch von Satjagrahis übernommen worden war.

Was die Briten anbelangte, so hatte ihnen Gandhis Gegenwart in England zum ersten Mal ihre persönliche Verquikkung mit dem Schicksal Indiens zu Bewußtsein gebracht. Und unter den Sahibs weckten Ereignisse wie die Gehorsamsverweigerung des Garhwali-Regiments die alten Ängste aus den Tagen des großen Aufstandes (1857/58); wieder einmal schien es, als könne man sich auf die eingeborenen Soldaten und Polizisten nicht mehr verlassen. Das Gefühl, von Indien abgelehnt zu werden, konnte sich in jener Art feinfühliger Reaktion niederschlagen, wie sie sich in der Haltung des Richters Broomfield beim Prozeß Gandhis im Jahre 1921 zeigte; es konnte aber ebensogut aus Angst heraus zu der Brutalität britischer Polizeioffiziere führen, die 1930 die Verteidigung Dharasanas unter sich hatten. Beide Fälle waren Symptome der Unsicherheit. Obgleich Gandhi auf der

Round-Table-Konferenz nichts erreicht hatte und bei seiner Rückkehr den Widerstand unterdrückt und vorübergehend in den Schatten gestellt vorfand, hatte der Salzmarsch mit seinen Folgen das britische Radschatum seinem Ende ein ganzes Stück näher gebracht.

7. Kapitel

Den Beinamen des Heiligen, der wie ein Politiker handelt, wies Gandhi einmal mit der Äußerung zurück, er sei Politiker, der alles versuche, ein Heiliger zu werden. Wenn die Sorge um das menschliche Gemeinschaftsleben auf dieser Erde das Kriterium des Politikers – ungeachtet seiner religiösen Betätigung – ist, so traf diese Bezeichnung in jeder Hinsicht auf Gandhi zu. Er war Politiker, als er für die bürgerlichen Rechte der Inder in Südafrika eintrat; als Politiker widmete er sich der Befreiung Indiens von britischer Herrschaft; als Politiker faßte er eine totale Umstrukturierung der indischen Gesellschaft und die Absetzung des britischen Radschatums ins Auge; und dies nicht durch dessen indischen Abklatsch, wie es von jenen betrieben wurde, die Mulk Radsch Anand die »braunen Sahibs« nannte, sondern durch Ram Radsch, das Königreich Gottes auf Erden, das tausendjährige Reich des Friedens und der Gerechtigkeit.

Gandhi ist oft, vor allem von den Marxisten, des Reformismus und des sogenannten »Gradualismus« bezichtigt worden. Die Worte sind in ihrer Bedeutung nicht identisch, und die Bezeichnung Reformist hat sich insofern schon erübrigt, als Gandhi die radikale Wandlung, sowohl des Menschen selbst als auch der Beziehungen der Menschen untereinander, forderte. Richtiger wäre, ihn als gradualistischen Revolutionär zu bezeichnen, da schließlich das, was ihm vorschwebte, eine menschliche Gesellschaft war, die nicht nur anders sein sollte, als die von den Briten aufgezwungene, sondern auch anders als das, was gegen Ende des 19. Jahrhunderts von der traditionellen hinduistischen Gesellschaft übrig geblieben war.

Die Methode allerdings – nicht das Resultat – war ausgesprochen gradualistisch. In den Andachten für Anhänger aller Religionen, die Gandhi am Anfang seiner südafrikanischen Kampagne einführte, bestand er darauf, daß gemeinsam mit den frommen Gesängen der Waischnawas christliche Kirchenlieder gesungen würden, und viele Jahre hindurch war sein Lieblingslied, bevor es von ›Wenn ich das hehre Kreuz anschau‹ abgelöst wurde, John Henry Newmans ›Führe mich, Du gütiges Licht‹, das seines Erachtens in einem einzigen Satz das Wesentliche des ganzen von ihm entwickelten Programms enthielt

I do not ask to see
The distant scene: one step enough for me.

Ich schaue nicht nach Dingen, die in der Ferne liegen,
Ein einziger Schritt voran, soll vorderhand genügen.

Sich Schritt für Schritt dem Ziele nähern, das stimmte vollkommen mit der allgemeinen Satjagraha-Philosophie überein, ebenso mit den Lehren der ›Bhagavadgita‹, wie sie von Gandhi ausgelegt wurde. »Verzicht auf die Früchte des Handelns«, erklärte er einmal einem seiner westlichen Freunde bei der Einführung in dieses Buch, »bedeutet nicht, daß es keine Früchte geben kann. Aber keine Handlung darf um der Früchte willen durchgeführt werden.« Eine Deutung, die in Übereinstimmung stand mit dem Grundprinzip der Satjagraha-Philosophie, der Suche nach Wahrheit: der Satjagrahi, der seinen Gegner zu bekehren sucht, muß selbst stets für Bekehrung offen bleiben. Satjagraha hat gewisse wesentliche Grundsätze, die außer allem Zweifel stehen, doch ihre Exponenten entwickeln diese Grundsätze in der Welt des Handelns, in der alles relativ und wandelbar ist, auf experimenteller Basis. So gesehen ist Gandhis Philosophie eine im dauernden Entstehen begriffene, was sie – allerdings in etwas anderer Form als der linksradikale Marxismus – zu einer Lehre der permanenten Revolution macht. Keine menschliche Gesellschaft kann je vollkommen sein, weil Vollkommenheit einzig und allein dem Absoluten zugeschrieben werden kann. Aus diesem Grunde muß der Satjagrahi die starren Pläne der utopischen Theoretiker ablehnen, weil er für die immerzu wechselnden Forderungen zwischenmenschlicher Beziehungen empfänglich bleiben muß, die nicht etwa in weiter Zukunft, sondern *jetzt* und *hier* auf ihn einstürmen.

Diese Einstellung entspricht derjenigen der Anarchisten, die stets betont haben, daß es unsere heutige Verpflichtung sei, soziale und politische Institutionen zu beseitigen, weil sie der Allgemeinheit erwiesenermaßen weder Freiheit noch soziale Gerechtigkeit bringen, die aber auch behauptet haben, es sei nicht Sache des heutigen Menschen, in festumrissenen Einzelheiten jene Welt zu planen, in der die Menschen von morgen womöglich leben möchten, Menschen, die anders, da frei von den Einschränkungen sein werden, denen in unserer Welt selbst Revolutionäre unterliegen. Aber allein schon der Prozeß der Verurteilung gewisser Aspekte der bestehenden Gesellschaft genügte, um indirekt auf die Art von Welt hinzuweisen, die für die Anarchisten als annehmbar galt, und einige von ihnen und diejenigen, die ihnen nahestanden – Schriftsteller wie Kropotkin und Tolstoj, William Morris und Aldous Huxley –, gingen so weit, Versuchsmodelle einer Gesellschaft anzubieten, in der ihrer Meinung nach die Menschen in Frieden leben und ihre Natur in voller Blüte entfalten könnten. Da Gandhi sich mehr als einmal als eine Art Anarchist bezeichnete, ist es kaum verwunderlich, daß die Gesellschaft, die er in seinen Artikeln und Reden fragmentarisch umreißt, sich mit derjenigen anderer freiheitlicher Schriftsteller auffallend, ja sogar bis in kleinste Einzelheiten deckt und dabei ebenso weit wie die ihrige von den zentralistischen und technischen Utopien der Marxisten und anderer autoritärer Sozialisten entfernt ist.

Gandhis Vision gesellschaftlicher Reform ist faktisch in eine Anzahl verschiedener Ebenen abgestuft und erstreckt sich vom Betätigungsfeld der Gegenwart über das Programm der unmittelbaren Zukunft bis zum Versuchsmodell der »Dinge, die in der Ferne liegen«, das sich sorgfältig und möglichst nah an die bestehenden sozialen Realitäten hält.

Die in der Prioritätenskala zuoberst rangierenden Aufgaben waren diejenigen, denen er die letzten zwei Jahrzehnte seines Lebens widmete. In den dreißiger Jahren war sein hauptsächliches Anliegen das Problem der Unberührbaren, die er Haridschans, Kinder Gottes, nannte. Gandhi gab das Klassensystem nicht gänzlich auf, weil er der Meinung war, daß es ursprünglich nicht ein System der Privilegien, sondern vielmehr ein Mittel zur Verteilung der Pflichten war. Der hierarchische Aspekt des Kastenwesens, der die Brahmanen an die Spitze stellte und die Unberührbaren der Verachtung preisgab, war nach seiner Ansicht ein Auswuchs späterer Zeit. Um das Gewissen der Hindus aufzurütteln, verlegte er sich in den dreißiger Jahren zweimal auf ausgedehntes Fasten und unternahm 1933 eine Pilgerfahrt von 1200 Meilen in der Hoffnung, durch Überredung die abscheuliche Kluft überbrücken zu können, die Hochgeborene von jenen trennte, deren bloße Gegenwart sie angeblich besudelte. Sein Aschram in Sabarmati machte er zu einer Erziehungsstätte für Unberührbare und gab eine Zeitschrift mit dem Titel ›Haridschan‹ heraus, in der er die meisten seiner späteren Schriften veröffentlichte.

Hatte Gandhi sich während der dreißiger Jahre für die Abschaffung der ärgsten Mißstände des Kastenwesens eingesetzt, so zwangen ihn die Ereignisse der nächsten Dekade, den größten Teil seiner Aufmerksamkeit einer anderen, ihm ebenso am Herzen liegenden Doktrin zuzuwenden: der Verbrüderung aller religiösen Menschen. Er war der Meinung, daß jeder Mensch seinen eigenen Zugang zum Göttlichen habe, daß Religion eine rein private Angelegenheit und das Projekt eines religiösen Staates ebenso abzulehnen sei wie jegliche Betonung der Unterschiede zwischen den Menschen, die für ihre geistigen Bedürfnisse und Erkenntnisse eine Vielzahl von Ausdrucksmöglichkeiten gefunden hatten.

Die Massaker, die in der Zeit der Befreiung Indiens innerhalb der einzelnen Gemeinden stattfanden, rückten dieses Problem in den Vordergrund und machten es zum vordringlichsten seiner letzten Lebensjahre; sein Versuch, es mit einer (glücklosen) Pilgerfahrt durch die von religiösen Kämpfen heimgesuchten Gebiete zu lösen, sollte ihm schließlich den Tod durch die Hand eines religiösen Fanatikers bringen.

Zu der Vision einer von sozialer und religiöser Diskriminierung freien Gesellschaft kommt noch ein ganz spezifisches Anliegen, das Gandhi in den letzten zwei Lebensjahren stark beschäftigte und dem seine praktischen Bemühungen galten: die Wiederherstellung des indischen Dorfes. Im Jahre 1934 schuf er die »All Indian Village Industries Association« zum Zwecke einer Erweiterung der wirtschaftlichen Grundlage in ländlichen Bezirken, und 1936 ließ er sich in dem einsamen Dorf Segaon unweit Vinoba Bhaves Aschram in Wardha im Dekkan nieder. Am Ende taufte er es in »Sevagram«, das heißt »Dorf der Hilfsbereitschaft« um und begann dort mit einer Reihe praktischer Versuche zur Wiederbelebung des Ackerbaus, der Heimindustrie, des Erziehungswesens und anderer, die dörfliche Kultur Indiens betreffende Dinge.

Gandhis tatkräftiger Einsatz in Fragen der Unberührbarkeit, der Aussöhnung der Gemeinden untereinander sowie der Wiederbelebung der dörflichen Kultur war in der Tat, wenn auch in bescheidenem Maße, praktischer Ausdruck des »Aufbauprogramms«, welches er stets als unentbehrliche Ergänzung des gewaltlosen Kampfes zur Befreiung von britischer Herrschaft betrachtet hatte. Das Ziel dieses Programms, das in Gandhis Vision gesellschaftlicher Reform an zweiter Stelle stand, war die Verwirklichung einer kollektiven Läuterung, ohne die die Befreiung von den Briten noch keineswegs Freiheit für Indien bedeuten würde. Nachdem Hindus und Moslems ebensogut wie die Briten zur Verödung traditioneller dörflicher Kultur in Indien beigetragen hätten, müßten sie gemeinsam die zu ihrer Wiederbelebung notwendigen Maßnahmen ergreifen.

Das sehr sorgsam ausgearbeitete Aufbauprogramm umfaßte achtzehn Punkte, die zusammengenommen die indische Gesellschaft von Grund auf, nämlich vom Dorf als ihrer Keimzelle her, reformieren sollten. Aussöhnung der Gemeinden untereinander und die Abschaffung der Unberührbarkeit nahmen darin den ersten Platz ein. Die unmittelbar sich daran anschließende Prohibition kennzeichnet den puritanischen Charakter der gandhischen Gesellschaftsform. Mochte sie auch auf religiöse Übereinstimmung verzichten – für moralisches Verhalten waren strenge Regeln auferlegt.

Als nächstes in der Reihenfolge des Vordringlichen stand Khadi, die Handweberei von Tuch aus selbstangebautem Material sowie die Entwicklung anderer dörflicher Industrien, weil Gandhi sich darüber im klaren war, daß es keine Überlebenschance für die ländliche Kultur ohne eine gesunde wirtschaftliche Grundlage geben könne. Er meinte, das Handwerk müßte ein Bestandteil der Erziehung sein; Kinder sollten erst einmal den richtigen Gebrauch ihrer Hände lernen, bevor man höhere Bildung an sie herantrüge. Dieser »Elementarunterricht« müßte sich, soweit nur irgend möglich, durch Verkauf der aus der Arbeit hervorgegangenen Produkte bestreiten lassen. Auf diese Weise könnten die Kinder eine der wichtigsten Lebensregeln Gandhis erlernen: daß jeder Mensch auf dem Felde oder in der Werkstatt »Brotarbeit« leisten müsse, um damit für seine materiellen Bedürfnisse aufzukommen. Auch sollte Erziehung nicht nur auf die Kindheit beschränkt sein. Gandhi empfahl ein Ausbildungsprogramm für Erwachsene, das nicht nur dem Nachholbedarf der Analphabeten dienen, sondern als Dauereinrichtung dem menschlichen Geist zu immer wieder neuen Impulsen verhelfen sollte, und das von Kindheit an bis zum Tode. Beide Bildungsformen sahen vor, die Liebe sowohl zur einheimischen Mundart als auch zur gemeinsamen Nationalsprache – seines Erachtens Hindi – zu fördern. Er ahnte nicht, welchen Aufruhr es in den sechziger Jahren in Südindien geben sollte bei dem Versuch, diese nördliche Sprache den Tamil und Malajalam Sprechenden aufzuzwingen.

Indische Dörfer waren stets – jedenfalls soweit historisch nachweisbar – ungesund und schlecht entwässert, schlammig im Monsun, staubig in der Trockenzeit und heimgesucht von Moskitos, die ihre Eier in den stehenden Tümpeln ablegten, und Fliegen, den Überträgern aller Arten von Krankheiten; die elementarsten sanitären Einrichtungen fehlten. Gandhi legte Wert darauf, daß gut gepflasterte Wege und gute Drainagen angelegt, vor allem aber die Klosetts sauber gehalten wurden. Er trat für Ausbildungskurse in Hygiene und die Errichtung naturheilkundlicher Krankenhäuser ein, die durch Sauberkeit und richtige Diät imstande wären, die moderne Medizin überflüssig zu machen.

»Hilfeleistung für unterentwickelte Stämme« und »soziale Reform der Stellung der Frau« waren Punkte, die im Aufbauprogramm an beträchtlich hoher Stelle rangierten. Gandhis Forderung nach einfacherem Leben – von seinen Kritikern als purer Atavismus abgetan – macht aus ihm noch keinen Primitivisten; und allein schon der Gebrauch des Wortes »unterentwickelt« beweist, daß er die Ureinwohner Indiens keineswegs als edle Wilde betrachtete. Ihm stand als das goldene Zeitalter eine Welt vor Augen, in der der Mensch mit Ackerbau und Handwerk wenn auch keinen Luxus, so doch genug zum Leben haben würde; er hätte Hesiod zugestimmt, wenn er ihn gelesen hätte. Nicht anders als die Bauern selbst mißtraute er den von der Jagd lebenden Nomaden ebenso wie den anspruchsvollen kultivierten Städtern, und er hegte den Wunsch, die Volksstämme Indiens zu sich selbst versorgenden Bauern zu machen.

Die Frauen betrachtete er als die – neben den Unberührbaren – meistausgebeutete Klasse Indiens. Mann und Frau, so behauptete er, seien eine gegenseitige Ergänzung, gleichberechtigt in ihrer sozialen Stellung, verschieden in ihrer Funktion; er forderte die Abschaffung der Purdah, der Kinderehe und aller anderen, die Frau diskriminierenden Gebräuche.

Frauen gehörten mit zu seinen ergebensten Anhängern und gegen Ende seines Lebens brachte er ihnen in zunehmendem Maße Vertrauen entgegen und machte sie zu seinen engsten Mitarbeiterinnen. Er war der festen Überzeugung, daß, eines Tages von der Ausnutzung durch den Mann erlöst, die Frauen sich in sexueller Hinsicht zurückhalten und damit Indiens Übervölkerungsproblem lösen würden – ohne die Einführung der Geburtenkontrolle, die er als eine Begünstigung sexueller Hemmungslosigkeit verabscheute, weil sie der Selbstkontrolle widersprach, die für eine gewaltlose Gesellschaft unerläßlich war.

Bereits zu Lebzeiten Gandhis wurde in einigen Dörfern ein Großteil des Aufbauprogramms in die Praxis umgesetzt. Seitdem haben seine Mitarbeiter hunderte von Musterdörfern geschaffen, in denen lokale, die einheimischen Rohprodukte verarbeitende Industrien, gute sanitäre Einrichtungen, Elementarunterricht, Einschränkung von Purdah und Unberührbarkeit, in Verbindung mit verbesserten landwirtschaftlichen Methoden für einen höheren Lebensstandard und steigende Selbstachtung der Bevölkerung sorgen. Als ich 1961 durch die Dörfer von Jat, dem heutigen Harjana, reiste, ließ sich ein beachtlicher Unterschied feststellen zwischen jenen, in denen Gandhis Freiwillige gearbeitet hatten, und den nichtregenerierten in ihrer Verkommenheit und Armut. Aber selbst damals, dreizehn Jahre nach Gandhis Tod und vierzehn nach der Unabhängigkeitserklärung, waren es von den 700000 Dörfern Indiens nur 1500, die von seinen Mitarbeitern erneuert worden waren. Wohl hat sich dieses Aufbauprogramm auf andere, das dörfliche Niveau hebende Projekte günstig ausgewirkt, viele von der Regierung unterstützte gemeinnützige Entwicklungspläne inbegriffen. Aber selbst wenn wir diese mithinzurechnen, ist es nur ein Bruchteil der auf dem Lande lebenden Massen Indiens, der in irgend einer Form von dem Aufbauprogramm berührt worden ist, das Gandhi sich ein halbes Jahrhundert zuvor ausgedacht hatte. Viele Millionen indischer Dorfbewohner fristen heute ihr Leben praktisch unter schlechteren Bedingungen als vorher unter den Briten. Von einigen wenigen Idealisten abgesehen, ist Gandhis soziale Lehre im befreiten Indien nie ernstgenommen worden. Die Preisgabe des Aufbauprogramms verlief parallel mit der Preisgabe der Gewaltlosigkeit dank einer einheimischen herrschenden Klasse, die teils schamlos auf eigenen Profit bedacht war, teils einem seelenlosen doktrinären Sozialismus huldigte.

Ein wesentlicher Punkt im Aufbauprogramm, von Gandhi mehr unterstellt als ausdrücklich hervorgehoben, war die Anwesenheit der Satjagrahis, ausgebildeter Freiwilliger, die als Lehrer, Heilkundige, landwirtschaftliche Berater, Friedensstifter, Latrinenaufseher und ganz allgemein überhaupt dem Volke dienen. Gebunden durch Gelübde der Keuschheit, der Enthaltsamkeit, der Besitzlosigkeit und des Vegetarismus und genötigt, sich ihre Nahrung durch »Brotarbeit« zu verdienen, bilden sie in Gandhis Plan eine gewaltlose Elite, ähnlich den Wächtern in Platons »Staat«. Begegnet man ihnen, leibhaftig und wohlgenährt, geht von ihnen eine pharisäerhafte, in gewisser Weise verwirrende Arroganz aus: Gandhis geistiger Hochmut, jedoch meist ohne seinen Charme und Humor, ohne die springlebendige Originalität des Geistes, mit der er die Öde der von ihm geliebten Stätten belebte. Einige von Gandhi nahestehenden Anhängern hatten wahrhaftig eigenständige menschliche Größe. Zu ihnen gehörten Vinoba Bhave und Jayaprakash Narayan. Die meisten Freiwilligen jedoch waren das, was Gandhi aus ihnen machte, wobei man den Eindruck hat, daß die Gußform hier für einen Durchschnittsmenschen einfach zu stählern war.

Vom Aufbauprogramm, mit seinem Schema der planmäßigen Neugestaltung der Dörfer durch den sich hierfür einsetzenden Satjagrahi-Orden ist es nur noch ein logischer Schritt zum Höhepunkt, zur letzten Phase von Gandhis Vision sozialer Reform, in der das Dorf zum wichtigsten Organismus einer Gesellschaft wird, in der städtisches Leben insofern ausgeschaltet zu sein scheint, als es einfach ignoriert wird. Gandhi haßte die großen Städte, die in Indien unter den Briten aufgeschossen waren. Er scheint es als selbstverständlich vorausgesetzt zu haben, daß sie in seiner dörflichen Welt von selbst dahinwelken würden, nachdem er sie in seine Überlegungen, was die Welt betrifft, die ihm für die Zukunft vorschwebt, niemals als Faktoren einbezieht.

In seinem Bekenntnis zu dieser idealen, auf der Grundlage des Dorfes beruhenden Gesellschaftsform kommen Gandhis anarchistische Tendenzen am deutlichsten zum Ausdruck. »Der Staat«, sagte er, »ist die Verkörperung der Gewalt in konzentrierter und organisierter Form«. Dieser Gedanke wiederholt sich, verschiedentlich abgewandelt, in allen seinen Schriften. Wenn er für Swaradsch oder Selbstbestimmung eintritt, sorgt er für genaue Abgrenzungen seines Standpunktes: »Selbstbestimmung heißt unaufhörliches Bestreben, sich der Kontrolle der Regierung, ob fremder oder nationaler, zu entziehen. Der ideale gewaltlose Staat wird eine geregelte Anarchie sein.«

Die nach seiner Vorstellung einzig akzeptable Staatsform ist im Grunde nichts anderes als ein kordinierender Mechanismus in einer dezentralisierten Gesellschaft, in der jedes Dorf ein kleiner Staat für sich, mit wirtschaftlicher und politischer Autonomie, sein wird. Der einzelne wird nur seinen allernächsten Nachbarn – praktisch dem Dorf – gegenüber Verpflichtungen haben und im Dienst an ihnen seine Erfüllung finden. Dieser Lokalismus wird, behauptet Gandhi, die beste Garantie für einen Universalismus sein, und er kleidet diesen Gedanken in ein Bild, das außerordentlich beredt die Verbindung von Ungebundenheit und Intimität in jener Gesellschaft vermittelt, die ihm vorschwebt. »In dieser Struktur von unzähligen Dörfern ... wird das Leben nicht einer Pyramide gleichen, deren Spitze vom Fundament gestützt wird, sondern es wird ein ozeanischer Ringgürtel sein, dessen Mittelpunkt das Individuum ist, das stets bereit ist, sich für das Dorf zu opfern, das Dorf, das bereit ist, sich für den Kreis von Dörfern zu opfern, bis zuletzt das Ganze *ein* Leben wird, zusammengesetzt aus einzelnen... So wird der äußere Kreis keine Gewalt anwenden, um den inneren Kreis zu zerstören, sondern wird allen innerhalb Stärke verleihen und seine Stärke von ihnen erhalten.« In wirtschaftlicher Hinsicht läuft die auf der Grundlage des Dorfes aufgebaute Gesellschaft auf Gleichheit hinaus, denn »Ungleichheit brütet Gewalt aus«. Handwerker werden ihre eigenen Herren sein, und nur demjenigen soll Land belassen werden, der seinen Acker selbst bestellt. »Kein Mensch sollte mehr Land besitzen, als er für seinen angemessenen Lebensunterhalt braucht.« Ackerbau und Handwerk werden die Grundlagen der Wirtschaft sein, jedoch wird die Mechanisierung von Gandhi nicht unbedingt verworfen. Er ist zum Beispiel bereit, in den Dörfern Elektrizität zum Antrieb von Werkzeugen und einfachen Maschinen zuzulassen – letztere allerdings möglichst am Ort hergestellt. Aber jedes Dorf sollte sein eigenes Elektrizitätswerk zur Wahrung seiner Autonomie haben. Zentralisierte Industrie müßte auf ein Minimum herabgesetzt werden. Die wenigen verbleibenden Fabriken können in den Händen ihrer Besitzer, die nun als Treuhänder fungieren, fortbestehen, allerdings unter Mitbestimmung der Arbeiter.

Gandhi hielt nichts vom parlamentarischen System. Selbst in England schien es ihm wenig volksnah, und die Vorstellung, daß mehrere Millionen Inder einige hundert Abgeordnete wählen sollten, fand er absurd. Stattdessen stellte er einen Plan indirekter Demokratie auf. Danach würde jedem Dorf sein eigener Pandschajat (der traditionelle Fünf-Mann-Rat) vorstehen, und der würde einen Abgeordneten in den Gaurat wählen. Jeder Gaurat würde einen Abgeordneten in den Bezirksarat wählen und so fort bis hinauf zum höchsten Nationalrat. In einer nahezu gänzlich dezentralisierten Gesellschaft gäbe es für diesen höchsten Rat nur wenige Aufgaben, denn selbst dessen überregionale Funktionen würden weitgehend von freiwilligen Verbänden übernommen werden, so daß sein Wirkungsbereich sich auf die Beaufsichtigung des Nachrichtenwesens, der Energieversorgung, der Bodenschätze und der Forstwirtschaft beschränken würde.

Das Heer müßte abgeschafft werden. »Eine Militarisierung Indiens wäre Selbstvernichtung«, warnte Gandhi 1947. Im Falle einer Invasion würden Friedensbrigaden ausziehen und sich dem Gegner unter Verzicht auf Gewalt entgegenstellen. Es würde Polizei geben, die in gewissen Fällen sogar berechtigt wäre, Verhaftungen vorzunehmen; aber mit der Bestrafung müßte es ein Ende haben, und Gefängnisse würden zu Erziehungs- und Bildungsstätten umgewandelt. Schiedsrichterliches Verfahren, möglichst von Nachbarn ausgeübt, würde bei zivilen Streitigkeiten das Gerichtsverfahren ersetzen.

Gandhis anarchistische Einstellung macht ihn deshalb noch nicht zum Anarchisten; er scheut den letzten Schritt zur gänzlich kooperativen Gesellschaft. Der Staat, so reduziert er in seinen Funktionen auch ist, bleibt bestehen; manchmal scheint er ihn sogar als zuständig für die Durchführung gewisser Zwangsmaßnahmen in Betracht zu ziehen, so, wenn er etwa von Enteignung der Industrieunternehmen spricht, deren Eigentümer ihre Treuhänderpflichten vernachlässigen. Aber selbst hier macht er eine Einschränkung, die ihn außerhalb der orthodoxen Richtung des Sozialismus und mehr in die Nähe der Anarchisten stellt: »Ich blicke mit größter Furcht auf jeden Machtzuwachs des Staates; während er scheinbar Gutes tut, indem er die Ausbeutung verringert, fügt er der Menschheit den größten Schaden zu durch Vernichtung der Individualität, welche die Wurzel allen Fortschritts ist.«

Der störende Aspekt der idealen Gesellschaft Gandhis ist der, daß sie einerseits keinen politischen Zwang duldet, während sie sich andererseits offenbar auf starken moralischen Druck stützt. Immerzu wird das Wort »Pflicht« bemüht; nur die Pflichterfüllung verbürgt Rechte, heißt es. Und während Gandhi die Idee des selbstständigen individuellen Urteils als von primärer Bedeutung begrüßt und bemerkt, »in Gewissensfragen ist das Gesetz der Mehrheit nicht zuständig«, ist in seinen Schriften immerfort von Schranken aller Art die Rede, die man sich aufzuerlegen habe, seis in Worten wie »sich freiwillig sozialer Beschränkung unterwerfen zum Wohle der ganzen Gesellschaft«, seis die Einschränkung durch Prohibition oder die Selbstbeschränkung durch sexuelle Enthaltsamkeit oder der Verzicht auf die Freuden des Gaumens.

Gandhi war sich aufgrund eigener Erfahrungen der schöpferischen Kräfte bewußt, die durch Verbote frei werden; sein Leben war eine einzige Folge geglückter Sublimierungen. Was er jedoch aus seinem Bewußtsein verdrängte, war die Gefahr, daß – so wie Gefängnisse Verbrecher züchten – Beschränkung und Unterdrückung oftmals zum Ausbruch unkontrollierbarer Leidenschaften führen. In einer Gesellschaft, in der sich die Menschen, wie Gandhi es forderte, derart moralische Zwänge aufzuerlegen hätten, kann es zu Spannungen kommen, die sich als weitaus stärker und gefährlicher erweisen als in einer Gesellschaft, in der die Verbote äußerlicher Natur sind. Solchen Möglichkeiten scheint Gandhi, der große Beobachter seines Selbst, den die Stürme in seinem Innern eines Besseren hätten belehren müssen, seine Augen geflissentlich verschlossen zu haben. So hat er zum Beispiel anscheinend niemals ernsthaft über die Wurzeln der in der deutschen Gesellschaft herrschenden Zucht und Ordnung nachgedacht, aus der sich die Greueltaten der Nazis entwickelten; ebensowenig gibt es von ihm eine Verlautbarung über den Ausbruch der beispiellosen Grausamkeiten im eigenen Land zwischen 1946 und 1948, der der jahrhundertealten Unterdrückung ein ebenso plötzliches wie schreckliches Ende setzte, als die Macht der Radschas sank und einem der größten Terrorregimes der Geschichte wich.

8. Kapitel

In diesem Leben kommt, wie Gandhi einmal bemerkte, das Ideal nie zur Vollendung. Und diejenigen, die es zu verwirklichen suchen, sterben entweder verlassen im Bewußtsein eines unerfüllten Lebens oder einsam in der bitteren Erkenntnis, das Ideal mit einer Illusion der Erfüllung betrogen zu haben. Letzteres war Lenins und Nehrus Schicksal, und Mao Tse-tung und Fidel Castro steht es noch bevor. Das andere Los, nämlich allein und unerfüllt, im wesentlichen aber unkorrumpiert zu sterben, war dasjenige Kropotkins, Che Guevaras und Zapatas; und es war auch, trotz all seiner Triumphe, Gandhis Los. Seine Erfolge waren, gemessen an den Zielen der Mehrheit, gewaltig; gemessen an dem, was er anstrebte, hat er versagt. Doch sein Versagen war nur ein Beweis dafür, wie unermeßlich hoch das Ziel war, das er sich gesteckt hatte.

Die letzten Jahre seines Lebens – ich möchte sie von seiner Rückkehr nach Indien im Jahre 1932 an datieren – waren durch zwei aufeinander abgestimmte Themen gekennzeichnet, das der Macht und das der Opferbereitschaft.

»Gewaltlosigkeit«, äußerte Gandhi einmal, »greift nicht nach der Macht. Sie sucht nicht einmal die Macht. Die Macht fällt ihr zu.« Mit anderen Worten: Man soll nicht nach Macht verlangen, aber man kann sie akzeptieren. Dies führt wieder zu dem kritischen Punkt des in der gewaltlosen Aktion implizierten Zwanges und der Macht, die ein einziger Mensch auf das Gewissen anderer ausüben kann, wenn er sein Leben-oder-Sterben als Hebel ansetzt. Bis zum großen Salzmarsch und auf dem Marsche selbst waren Gandhis Siege nur durch Mobilisierung anderer Menschen zu großen Kampagnen zivilen Ungehorsams errungen worden. Vom Jahre

1932 an zog Gandhi einen anderen Kurs vor und zwar den, welchen er in Champaran eingeschlagen hatte: den Einsatz des einzelnen Satjagrahi, der moralische Kräfte entwickelte, die weltbewegend sein konnten. Seine spektakulärsten Erfolge der letzten sechzehn Jahre seines Lebens waren diejenigen, bei denen Regierungen, politische Parteien, Fraktionen und ihre Führer zu spüren bekamen, daß »Fasten eine Waffe des Terrors, eine Bombe mit Zeitzünder ist« (Robert Payne).

Mit seinem Gespür für den dramatischen Effekt des Opfers inszeniert, hat Gandhis wiederholtes Fasten Kräfte zum Leben erweckt, die, auf ganz spezifische und begrenzte Ziele gerichtet, andere Mächte in die Knie zwingen können. Als er 1932 fastete, um sicherzustellen, daß die Zugeständnisse, die den Unberührbaren in der für Indien neu ausgearbeiteten politischen Struktur gemacht worden waren, nicht zu einer Verewigung ihrer Absonderung von der hinduistischen Welt würde, brachte er es fertig, daß nicht nur alle indischen Führer zu ihm ins Gefängnis an sein Bett eilten, um den Kompromiß zu schließen, der ihm zusagte; er nötigte damit sogar den Premierminister, seinen Erholungsurlaub Hals über Kopf abzubrechen, um eiligst eine Kabinettsitzung im fernen Westminster einzuberufen, auf der die entscheidenden Zugeständnisse gemacht wurden. Als er 1947 in Kalkutta aus Protest gegen die zwischen den Gemeinden ausgebrochenen Kämpfe fastete, zwang er nicht nur die Führer der moslemischen und hinduistischen Gemeinden sich auszusöhnen, aus Furcht, ihr Gewissen mit dem Tod eines so großen Heiligen zu belasten, sondern gewann auch aufgrund seines eigenartigen Charismas, das seiner Gegenwart etwas Entwaffnendes verlieh, die Hochachtung der Terroristenführer, die vor ihm niederknieten und gelobten, nie mehr zu töten. Mit seinem letzten Fasten in Delhi, das er nur mit knapper Mühe wenige Tage vor seinem gewaltsamen Tode überlebte, bewirkte er nicht nur die Aussöhnung der sich in der Hauptstadt bekämpfenden Gemeinden, er zwang auch ein abgeneigtes indisches Kabinett, in seiner Anwesenheit zu tagen und Pakistan eine große Summe auszuzahlen, die man als Vergeltung für die pakistanische Invasion des Kaschmir zurückbehalten wollte.

Dies waren erstaunliche moralische Erfolge. Aber Macht, auf welche Weise auch immer errungen, hat zur Folge, daß sie diejenigen, die sie ausüben, von jenen trennt, denen sie fehlt, und es ist bezeichnend, daß Gandhi sich im letzten Jahrzehnt seines Lebens in der selbstgewählten Rolle des Über-Satjagrahi immer einsamer fühlte, obgleich sich viele Menschen um ihn scharten. »Niemand soll sagen, er sei ein Anhänger Gandhis«, erklärte er 1940. »Es genügt, daß ich mein eigener Anhänger sein muß.«

Eine weitere Folgeerscheinung gewonnener Macht ist, daß derjenige, der sie – selbst ohne Gewalt – ausübt, mit all denen in Konflikt gerät, die sich als seine Rivalen ihrer bemächtigen oder sie behalten wollen. Mit seinen Kampagnen gegen die Unberührbarkeit und für die Gleichheit der Menschen aller Religionen in einem befreiten Indien zog sich Gandhi unvermeidlich den Haß der orthodoxen Hindus zu. Diese hatten seit dem Tode Tilaks im Jahre 1920 vorübergehend an politischem Einfluß eingebüßt, aber mit der Gründung der hinduistischen Mahasabha-Bewegung neuen Auftrieb erhalten, so daß sie sich bis 1933 stark genug fühlten, Gandhi dort herauszufordern, wo sein Einfluß am stärksten war, in den Dörfern Indiens. Als er 1933 seine große Pilgerfahrt zur Abschaffung der Unberührbarkeit unternahm, errang er beachtliche zeitweilige Erfolge und erreichte immerhin, daß es mit einigen der gröbsten Erscheinungsformen der Diskriminierung für alle Zeiten ein Ende hatte. Trotzdem geschah es, zum ersten Mal in seiner Laufbahn, daß er seine eigene Waffe gegen sich selbst gerichtet sah, als Gruppen orthodoxer Hindus, ohne Gewalt anzuwenden, die Eingänge der Tempel blockierten und seine Versammlungen mit ihren schwarzen Ächtungsfahnen bestreikten. Auch äußerte sich der hinduistische Widerstand nicht nur auf passive Weise; im Jahre 1934 wurden nicht weniger als drei Mordanschläge von seiten orthodoxer Hindus auf ihn verübt. Sein Fasten als Protest gegen diese Art der Opposition war so gut wie wirkungslos, denn es gelang ihm in keiner Weise, den Haß der militanten Traditionalisten zu besänftigen; er wurde nur noch angeschürt bis zu dem Punkt, der unweigerlich zu seiner Vernichtung führte.

Es gab auch noch andere, weniger untergrundartige Bewegungen, die sich während der dreißiger Jahre, als Indien auf dem Wege zu einer verantwortlichen Regierung war, zur Macht drängten. Gandhi, der sich von den Briten größere Konzessionen versprach, als die, zu denen die Round-Table-Konferenz offensichtlich bereit gewesen war, hatte im April 1934 die Kampagne zivilen Ungehorsams abgeblasen und auf der Versammlung der Kongreßpartei im Oktober 1934 in aller Form auf jeden Führerschaftsanspruch verzichtet. Im August des darauffolgenden Jahres wurde die »Government of India Act« vom britischen Parlament verabschiedet, die der Diarchie ein Ende setzte und Autonomie auf provinzieller Basis bedeutete; das Stimmrecht wurde stark erweitert und 30 Millionen Inder erhielten passives Wahlrecht. Von Führern der Kongreßpartei im Freudentaumel frisch erworbener Macht nach seiner Meinung befragt, bemerkte Gandhi trocken: »Indien ist immer noch ein Gefängnis, nur daß der Inspektor den Gefangenen gestattet, ihre Wärter zu wählen.« In sechs von elf Provinzen errang die Kongreßpartei die absolute Mehrheit; in drei anderen war sie die führende Partei, so daß sie praktisch neun der Provinzregierungen bildete.

Für eine kurze Spanne Zeit, bis es 1939 zum Ausbruch des Weltkrieges kam, berauschten sich die Inder an dem Gedanken, nun endlich auf dem Wege zu sein, ihr Schicksal selbst in die Hand nehmen zu können, und die autoritätstrunkene Kongreßregierung stellte von britischen Offizieren geleitete Polizeitruppen auf, die andersdenkende, aufsässige Inder verprügelten. Die Aussicht auf die totale Übernahme der Macht führte zu einer Polarisierung der Hindu- und Mosleminteressen, wobei Jinnah an der Spitze der Moslem-Liga es verstand, sich in den ersten Kriegsjahren eine strategisch wichtige Position in der indischen Politik zu verschaffen. Innerhalb der Kongreßpartei selbst zeigte sich ein rechts- und ein links-gerichteter Radikalismus, vertreten durch Boses »Forward Block« und die »Congress Socialist Party«; weder die eine noch die andere Richtung, auch nicht der von Nehru vertretene, zur Zentralisierung neigende Sozialismus, paßten zu Gandhis Vorstellung einer dezentralisierten bäuerlichen Gesellschaft. In der Tat stand es so, daß die Kongreßparteiführer, gleich, ob sie zum Sozialismus oder zur kapitalistischen Demokratie neigten, Indien als ein Land betrachteten, welches weitgehend industrialisiert und im großen und ganzen nach westlichem Muster modernisiert sein würde; in dieser Hinsicht bewiesen sie die gleichen Tendenzen wie die in anderen kolonialen oder halbkolonialen Ländern aufkommenden nationalistischen Bewegungen. Politisch geformt von der Macht, von der sie beherrscht worden waren, hatten sie sich nicht in dem Maße von stereotypen britischen Vorbildern befreit, wie Gandhi es getan hatte. Sein Aufbauprogramm war ihnen als Wahlpropaganda in ländlichen Bezirken gerade recht, aber nur wenige von ihnen teilten sein an vormogulischen Verhältnissen orientiertes Ideal einer idyllischen Bauernanarchie.

Mit der Konsolidierung der politischen Machtposition der Kongreßpartei nach den Wahlen von 1937 verringerte sich ihre Bereitschaft, sich dem moralischen Druck Gandhis zu unterwerfen, und während der vierziger Jahre sehen wir seinen Einfluß auffälligen Schwankungen ausgesetzt – je nach den Erfolgen oder Mißerfolgen der Partei. Zu Anfang des Jahrzehnts zog der Vizekönig Indien mit in den Krieg hinein, ohne sich vorher mit den Provinzministerien, den anerkannten Vertretern des indischen Volkes, besprochen zu haben. Den Kongreßministern blieb nichts anderes übrig, als sich zu fügen; so fiel das Land in den Zustand britischer Herrschaft zurück. Zu diesem Zeitpunkt hoffte der Kongreß nämlich immer noch, mit den Briten handelseinig zu werden, und die Kongreßparteiführer schoben Gandhis Einwände beiseite, die sich gegen die Vorstellung mobilisierter indischer Streitkräfte und gegen den Vorschlag richteten, jede vom Kongreß zu bestimmende Unterstützung der Briten von Bedingungen abhängig zu machen. Die Kongreßpartei bot Kooperation im Kriegseinsatz unter der Bedingung an, daß die Briten Indiens volle Unabhängigkeit anerkannten und einer provisorischen Regierung in Delhi zustimmten.

Als der Vizekönig das Angebot ablehnte, wandten sich die Führer der Kongreßpartei, für die keine Aussicht mehr bestand, an die Macht zu kommen, an Gandhi, und im Oktober 1940 dachte sich dieser einen Plan zivilen Ungehorsams auf individueller Basis aus. Danach würden eine Reihe führender Persönlichkeiten – angefangen bei Bhave bis zu Nehru – sich in aktiver Form den Verordnungen widersetzen, die ihnen eine freie Meinungsäußerung – ihre Ansichten zum Krieg betreffend – untersagten. Insgesamt 23 000 Satjagrahis kamen ins Gefängnis und Gandhis ›Harijan‹ mußte mit vielen anderen Zeitschriften ihr Erscheinen einstellen. Als sich Ende 1941 die Japaner bedrohlich näherten, wurden die Gefangenen freigelassen, und kurz darauf kam Sir Stafford Cripps angereist, der im Namen der britischen Regierung Vorschläge unterbreitete, die Gandhi jedoch als unannehmbar ablehnte. Im Sommer dieses Jahres faßte die Kongreßpartei eine Resolution, in der die Briten zur Aufgabe Indiens aufgefordert wurden, und beauftragte Gandhi mit der Leitung einer Massenbewegung zivilen Ungehorsams. Er wurde, mit anderen Kongreßparteiführern, sofort verhaftet und in Aga Khans Palast in Puna interniert. Das Resultat war, daß statt der von ihm geplanten gewaltlosen Kampagne Indien zum Schauplatz zwar vereinzelter, aber immerhin gewalttätiger Revolten wurde. Im Jahre 1944 wurde er aufgrund seiner angegriffenen Gesundheit entlassen. Es war seine letzte Haft. Im ganzen hat er mehr als sechs Jahre in indischen und südafrikanischen Gefängnissen zugebracht.

Teils direkt, teils indirekt hat er seinen Teil zu den Verhandlungen beigetragen, die, als nach dem Krieg die Labour-Partei in England regierte, schließlich zur endgültigen Befreiung Indiens führten. Hauptsächlich seinem Einfluß war es zu verdanken, daß den Briten ihr Empire lästig wurde. Doch haben sich seine Vorstellungen bei der definitiven Gestaltung der Zukunft Indiens verhältnismäßig wenig durchgesetzt. Da er alle Inder als Brüder betrachtete und an die Möglichkeit eines gänzlich säkularisierten Staates mit der Gleichberechtigung aller religiösen Gruppen glaubte, wehrte er sich heftig gegen eine Teilung des Subkontinents. Aber seine sonst so durchschlagende Überredungskunst verfehlte bei Jinnah, dem Führer der Moslem-Liga, ihre Wirkung. Dieser bestand auf dem separaten Staat Pakistan und ließ sich auf nichts anderes ein. Als der Kongreß der Teilung zustimmte, fühlte sich Gandhi zutiefst hintergangen und er gestand: »Zweiunddreißig Jahre der Arbeit haben ein ruhmloses Ende gefunden.« Dabei dachte er an die Jahre, die er seit seiner Rückkehr im Jahre 1915 der Regenerierung eines Indien gewidmet hatte, welches nunmehr – wie er es erfahren mußte – verstümmelt wurde.

In den Monaten, die zur Unabhängigkeit führten, gab es noch andere Dinge, deren Entwicklung Gandhi mit Sorgen verfolgte. Er sah, wie die Kongreßpartei auf ihrem Wege zur Macht von der Gewaltlosigkeit (einstmals von ihren Führern als wirkungsvoll anerkannt) abwich, und mußte feststellen, daß das von der Partei geplante Indien mit seiner persönlichen Vorstellung einer friedlichen dörflichen Gesellschaft nur wenig gemein hatte. Er kannte genau die Anfälligkeit der Kongreßpartei für politische Korruption, jenes Übels, von dem sie sich nie hatte befreien können. Er beschwor die Führer, dieses »plumpe Scharmützel um die Macht« zu unterlassen und die Organisation zu einer Körperschaft zu machen, die sich im Dienste der Nation der Aufbauarbeit, vor allem in den Dörfern, widmete, um so soziale, moralische und wirtschaftliche Unabhängigkeit zu schaffen. Sein Ruf verhallte ungehört.

Seit ihm bewußt wurde, daß mit der Verwirklichung politischer Macht in Indien sein moralischer Einfluß schwand, machte er sich mehr und mehr mit der Idee des Opfers vertraut, die für ihn stets mit der Vorstellung moralischer Stärke verknüpft war. Schon seit langer Zeit hatte ihn die Leidensgeschichte Christi in zunehmendem Maße fasziniert. Bei einem Besuch der Sixtinischen Kapelle in Rom im Jahre 1931 waren ihm dort beim Anblick des Kruzifix die Tränen gekommen. Später dann, in Sevagram, war der einzige Schmuck der kahlen Wände seines Zimmers ein Christusbild. Und auf seinen Gebetsversammlungen wurde die christliche Lieblingshymne ›Führe mich, Du gütiges Licht‹ durch Isaac Watts ›Wenn ich das hehre Kreuz anschau‹ ersetzt, in dem der Dichter die Verschmelzung der Leiden und der Liebe Christi zum Opfer darstellt, welches die Menschen zur uneingeschränkten Hingabe aufruft.

Der Gedanke, sein Leben für eine Sache, für andere Menschen, ja sogar für ein einziges Dorf hinzugeben, kehrt – je weiter die Zeit fortschreitet – immer häufiger in seinen Schriften wieder. Immer hat er betont, daß die Bereitschaft, für das Prinzip nicht nur Leiden, sondern auch den Tod auf sich zu nehmen, ein wesentlicher Bestandteil der Satjagraha sei. »Gerade so wie man die Kunst des Tötens lernen muß im Training für Gewalttätigkeit, so muß man die Kunst des Sterbens lernen im Training für Gewaltlosigkeit. »Er hatte seine Bereitschaft zu sterben bewiesen und sie mit seinem wiederholten Fasten als mächtige Waffe eingesetzt, die deshalb so wirkungsvoll war, weil an der Aufrichtigkeit seiner Todesbereitschaft – wenn es ihm nicht gelingen sollte, den Gegner zu bekehren – kein Zweifel bestand. Mehr und mehr kam er gegen Ende seines Lebens zu der Überzeugung, daß eines Tages, früher oder später, seine alte Widersacherin, die Gewalt, ihre Forderung nach seinem Tod eintreiben würde.

Diese Ahnung verdichtete sich mehr denn je, als er die bösen, längst totgeglaubten Geister Indiens wiederauferstehen sah. Aus den Tiefen einer von Brutalität und Meuterei geprägten Vergangenheit, aus den frühen Zeiten unbarmherziger Kriege, in denen, so heißt es, die Ureinwohner, die Kschatrijas, sich gegenseitig ausrotteten, brach die Gewalt wieder hervor. Sie triumphierte in den Unruhen von 1942 und 1943, und seine Stimme vermochte ihr diesmal nicht Einhalt zu gebieten. Im August 1946 brach sie noch einmal aus, gleichsam zur makabren Zelebrierung der Tatsache, daß – als Vorspiel der totalen Unabhängigkeit – Nehru im Begriff war, Chef der ersten gesamtindischen Regierung in Delhi zu werden. In Noakhali in Ostbengalen fing es an, wo die Moslems die Hindus umbrachten; in Bihar ging es weiter, wo die Hindus die Moslems niedermachten. Gandhi eilte sofort nach Noakhali und pilgerte barfuß von Dorf zu Dorf, bemüht, die Gewalttätigkeiten zum Stillstand zu bringen. »Nie zuvor in meinem Leben war der Weg, der vor mir lag, so ungewiß und düster«, sagte er, und kaum ein schwacher Lichtstrahl fiel auf den dunklen Pfad des alten, hoch in den Siebzigern stehenden Mannes, als er schweren Herzens dahinzog, das Blutvergießen in Bengalen, Bihar, Kaschmir, in Kalkutta und Delhi aufzuhalten – Abbild eines greisen Königs im Büßergewand, auf der Suche nach einem verlorenen Königreich des Friedens und der Menschlichkeit, getrieben von dem Wunsch, es wieder aufzurichten. Wohl erzielte er manch beachtlichen Erfolg, wie etwa die Verbrüderung der Moslems und Hindus in Kalkutta, aber all das, was er sah und hörte, schien sich oft lähmend auf seine Reaktionen auszuwirken, so daß er keinen Protest erhob, als bei der Invasion Kaschmirs durch die Pakistanis die indische Armee dorthin entsandt wurde. Nachdem er die Hoffnung aufgegeben hatte, Indien als erste Nation von Satjagrahis, frei von Gewalt, zu sehen, schien es ihm besser zu kämpfen, als sich feige zu zeigen.

Gandhis Bemühungen, die Minderheiten zu schützen und

die Massaker zum Stillstand zu bringen, die wie ein göttliches Strafgericht mit der Teilung des Landes einhergingen, verstärkte nur noch die Feindschaft der Fanatiker. In Noakhali waren es die Moslems, in Kalkutta die Hindus, die sein Leben bedrohten. Er schien über die Gefahren, denen er ausgesetzt war, zu frohlocken: »Ich suche meinen Frieden in der Wirrnis.« Während der Tage, die er kurz vor seinem Tode in Delhi mit Fasten, seinem letzten großen Fasten, zubrachte, um die verfeindeten Gemeinden der Hauptstadt auszusöhnen und – nachdem die Polizei versagt hatte – es immerhin erreichte, daß sich die Angehörigen aller Gruppen einigermaßen vor Mord sicher fühlten, in diesen letzten Tagen spürte er, wie die Gewalt näher auf ihn zukam. In den Berichten aus dieser Zeit häufen sich die Andeutungen über sein bevorstehendes Ende, die von seinen Anhängern später als Beweis für seine übernatürliche Sehergabe ausgelegt wurden. Vielleicht war es nichts weiter als die realistische Einkalkulierung der Möglichkeit, denn auf einer seiner Gebetsversammlungen war eine Bombe explodiert, und er wußte, daß die Hinduextremisten nach seinem Leben trachteten. Es mag aber ebensogut das Resultat seiner Bereitschaft gewesen sein, sich aufzuopfern; jenes mehr christliche als hinduistische Motiv des Märtyrertums, das ihn seit dem frühen Mannesalter beschäftigt hat und das gegen Ende in dem Gefühl gipfelte, mit seinem Opfer seinem Leben vielleicht doch noch einen Sinn abzugewinnen, den es in diesen Zeiten des Schreckens und der Enttäuschungen verloren zu haben schien, als das Indien, welches er sich erträumt hatte, sich in ein durch politische Konflikte verstümmeltes, mit dem Blute der Intoleranz buchstäblich getränktes Land verwandelte.

Wie wir von seiner Großnichte Manubehn wissen, sagte er ihr in der Nacht vor seinem Tode, daß sie – sollte er an einer Krankheit zugrunde gehen – der Welt zu verkünden habe, er sei ein falscher Mahatma gewesen. »Wenn aber, wie letzte Woche, eine Explosion stattfinden oder jemand auf mich schießen und seine Kugel meine bloße Brust durchbohren sollte und ich ohne einen Seufzer, mit Ramas Namen auf den Lippen stürbe – nur dann sollst Du verkünden, daß ich ein wahrer Mahatma gewesen bin.« Am nächsten Tag, den 30. Januar 1948, in der Stunde vor Einbruch der Nacht, wenn in Delhi die goldenen Strahlen der Wintersonne durch die vom Rauch frisch entfachter Dungfeuer bläßlichblau getönte Luft scheinen, wurde Gandhi auf dem Weg zu einer Gebetsversammlung von einem radikalen Hindu niedergeschossen und sterbend war sein letztes Wort der Name des Gottes Rama.

Viele werden diese Koinzidenz allzu perfekt finden. Sie ist von geringer Bedeutung. Wichtig ist, daß Gandhi arg- und furchtlosen Herzens starb, so, wie er es gelehrt hatte. Und daß er für das starb, was er getan hatte, und für das, was er gewesen war.

9. Kapitel

Am Tag von Gandhis Tod schienen sich alle Hoffnungen, die durch die Niederlage der Diktatoren und den Zusammenbruch mächtiger Reiche geweckt worden waren, mit einem Schlage zu verdunkeln. Die Welt, so empfand man bei dieser Nachricht, hatte sich letztlich nicht verändert. Und Gandhis Gefährten schienen in eine Art Irrsinn verfallen zu sein, der sie so handeln ließ, als gälte es zu beweisen, daß all das, wofür er gelebt hatte, belanglos gewesen sei. Die Verfügungsgewalt über seinen Leichnam wurde zum Anlaß eines pompösen, von den Militärbehörden organisierten Staatsbegräbnisses genommen, unter unmittelbarer Leitung eines britischen Generals. Aufgebahrt auf einer Lafette wurde Gandhi zur Samadhistätte am heiligen Dschamna gefahren und tausende von Soldaten, Fliegern, Polizisten und Seeleuten, welche die kleine Gruppe der dicht bei der Leiche gehenden Satjagrahis an Zahl weit übertrafen, gaben ihm das letzte Geleit. An der Spitze des Zuges ritt die Ulanenleibgarde des Generalgouverneurs. Später wurden seine sterblichen Überreste von einem Amphibienfahrzeug des Militärs am Zusammenfluß der heiligen Flüsse Ganges und Dschamna in die Fluten versenkt. Sein Mörder wurde auf Grund eines von den Briten übernommenen Gesetzes gehängt, und keiner von Gandhis alten Kameraden in der Regierung regte sich, um gegen diese Mißachtung seines Glaubensbekenntnisses zu protestieren.

Trotz allem würde weder ein militärisches Begräbnis, noch die Hinrichtung seines Mörders, ja, nicht einmal die politische Niederlage, die er in der Teilung Indiens sah, hinreichen, Gandhis Wirken nun ohne weiteres in das Reich der Historie zu verweisen. Lange zuvor, im Jahre 1909 hatte

Tolstoj die erste Satjagrahakampagne in Südafrika »das bedeutsamste zur Zeit in der Welt vollbrachte Werk« genannt. Vielleicht hat Tolstoj mit seiner Beurteilung nicht einmal übertrieben, gemessen an der Gesamtheit dessen, was Gandhi tatsächlich geleistet hat und was sich kurz und bündig in drei Punkte zusammenfassen läßt (eine Simplifikation, gegen die er, selbst zur Simplifizierung neigend, sicherlich nichts einzuwenden gehabt hätte):

1. Die Erkenntnis, daß – längst bevor die Japaner die physische Verwundbarkeit des europäischen Imperialismus bewiesen hatten – die Befreiung der Kolonialvölker rasch und ohne Gewaltanwendung, mit der sich das Land selbst zugrunde richtet, erreicht werden kann.
2. Der bisher in so durchgreifender Form nie zuvor erbrachte Beweis, daß gewaltlose Aktion nicht nur, wie bereits von anderen demonstriert, ein wirksames Mittel des Widerstandes ist, sondern für eine totale Sanierung der Gesellschaft so zur philosophischen Grundlage werden kann, daß Exzesse der Macht und Gewalt eliminiert sind.
3. Der Beweis, daß das Individuum in Zusammenarbeit mit anderen, ja sogar auf eigene Faust moralische Kräfte entfalten kann, die eine Veränderung des allgemeinen geistigen Klimas und folglich der gesellschaftlichen und politischen Struktur der Welt bewirken können.

Gandhis Ideen und Aktionen haben in gewisser Weise unser aller Denken beeinflußt. Womit jedoch nicht gesagt ist, daß nun viele Menschen als »Gandhianer« betrachtet werden können – selbst nicht in Indien. Dies wäre auch nicht in seinem Sinne gewesen. »So etwas wie ›Gandhiismus‹ gibt es nicht«, äußerte er einmal, »und ich wünsche keine Sekte zu hinterlassen.« Ihm war es darum zu tun, daß andere Menschen unablässig mit der Wahrheit experimentierten und im Rahmen ihrer eigenen Kultur, der sie treu zu bleiben hätten, nach Mitteln und Wegen suchten, die ein moralisches Leben ermöglichten. Wenn es Dogmen Gandhis gibt, dann wenige und einfache: Gewaltlosigkeit zu üben, was gleichzeitig bedeutet, die Lebensweise in dem Maße zu vereinfachen, daß Gewalt überflüssig wird, und sich damit – als weitere Folge – einer Gleichheit im Materiellen bei unendlicher Vielfalt des Glaubens zu nähern.

Seit dem Beispiel, das Gandhi gegeben hat, kann nicht mehr bestritten werden, daß es eine lebensfähige revolutionäre Alternative zur gewalttätigen Revolution gibt, und in diesem Sinne haben sich unsere Aussichten auf eine Veränderung erweitert. In der Tat beweist die feindselige Einstellung der Verfechter der Gewalt zu Gandhi, wie sehr sie sich in ihren Absichten durch ihn bedroht fühlen. Seit der Befreiung Indiens sind die Methoden Gandhis in bestimmten Situationen mit Erfolg angewandt worden. Sie spielten bei der Befreiung Ghanas eine maßgebliche Rolle; mit ihrer Hilfe sind die Schwarzen Amerikas der Gleichberechtigung einen großen Schritt näher gekommen und haben kämpferisches Selbstbewußtsein entwickelt – eine Tatsache, welche die gewalttätigen Aktivisten wie die Black Panthers zu verdunkeln suchten. In Indien selbst ist seit dem Tode Gandhis – von Vinobha Bhaves Bhoodan-Bewegung mit dem Ziel einer Neuverteilung von Grund und Boden abgesehen – die Reorganisation des Landes nach Sprachgebieten zu einem großen Teil mit den von ihm entwickelten Methoden durchgeführt worden.

In den meisten dieser Fälle wurden jedoch mehr die Taktiken Gandhis als seine weitaus bedeutendere Strategie angewandt. Ebenso wie seine Kollegen in der Kongreßpartei haben die meisten zivilen Widerstandskämpfer mit gewaltlosen Mitteln ganz bestimmte politische Ziele verfolgt, es aber nicht verstanden, bis zu einer allumfassenden Umgestaltung der gesellschaftlichen Struktur vorzustoßen, in welcher Gewalt weniger denkbar wäre. Die Inder unterscheiden zwischen Satjagraha und Duragraha. Letztere ist, im Gegensatz zur Macht der Wahrheit, die Macht der Hartnäckigkeit, die oft auf wohlüberlegten gewaltlosen Zwang hinausläuft. Aber selbst zwingende Gewaltlosigkeit ist immer noch besser als zwingende Gewalt, da sie die Möglichkeit der Wiedergutmachung offenläßt; jedenfalls war, wie bereits gesagt, der Trennungsstrich zwischen Nötigung und Überzeugen bei Gandhis Fasten in der Tat sehr dünn. Es mag unmöglich sein, in einer Gesellschaft zu leben, ohne einen gewissen Zwang auszuüben oder erdulden zu müssen. Das, was Gandhi lehrte, waren die Mittel und Wege, den Zwang einigermaßen schmerzlos zu machen, so daß schließlich das Resultat – wie am Beispiel der Briten – einer Bekehrung sichtlich nahe käme.

In anderer Hinsicht gelang es Gandhi, auf das Verhalten der Mehrheit höchstens mildernd einzuwirken, nicht aber, es grundlegend zu verändern. Kastenunterschiede in Indien zum Beispiel mögen zwar seit seinem Feldzug gegen die Unberührbarkeit weniger in Erscheinung treten, aber abgebaut sind sie nicht. Ein Unberührbarer braucht in Kerala nicht mehr 64 Fuß Abstand zu halten von einem Nambudiri-Brahmanen, wie es selbst noch vor 35 Jahren der Fall war; es gibt keine Menschen mehr, deren bloßer Anblick besudelt, wie es einst einer gewissen Bettlersippe in Travancore erging. Nur gelegentlich hört man jetzt noch von Dörfern, in denen es den Unberührbaren untersagt ist, den Gemeindebrunnen zu benutzen. Aber in subtilerer Form bleiben die Schranken bestehen. Es gibt sehr wenige Mischehen zwischen Kastenhindus und Unberührbaren, und ein Unberührbarer, der dank seiner Bildung zu einem hohen Regierungsposten aufrückt, wird des öfteren feststellen, daß, während er im Amt mit offizieller Höflichkeit anerkannt wird, die Privathäuser seiner Kollegen ihm verschlossen bleiben, und daß er in gesellschaftlicher Isolierung lebt. Das Gesetz verbietet die Unberührbarkeit, aber vom Brauchtum wird sie straffrei aufrechterhalten.

Auch im Hinblick auf die religiösen Gruppen Indiens hatte Gandhi nur einen begrenzten Erfolg. Zwar leben jetzt – gelegentlich aufflackernde Unruhen ausgenommen – Hindus und Moslems ohne Furcht miteinander, aber sie haben nicht gelernt, sich zu lieben, und die Moslems fühlen sich als Opfer der Diskriminierung unter einer Verwaltung, in der die Hindus dominieren. Was Gandhi erreicht hat, ist eher ein andauernder Waffenstillstand als ein wahrer Frieden, jedoch immer noch besser, als ein andauernder Krieg.

Da Gandhi kein systematischer Denker war, wäre es unangemessen, seine Theorien einer systematischen Kritik zu unterziehen. Man beurteilt ihn nach seinen Taten, seinen Experimenten im Kräftespiel persönlicher Beziehungen, nach seinen praktischen Erfolgen und Mißerfolgen. Und hier zeigt sich klar, daß sich seine Qualitäten und seine Grenzen weitgehend ergänzen. Aufgrund seines tiefgehenden Verständnisses für die unausgeschöpften Potentialitäten des Landlebens neigte er zum Beispiel dazu, die Realitäten des Stadtlebens zu ignorieren bis zu dem Augenblick, da er zum Schluß in Delhi und Kalkutta zwangsläufig mitten hineingeriet. Infolgedessen kamen seine sozialen Lehren für Gesellschaften wie diejenigen Europas weniger in Betracht, welche bereits – oft wegen der Bevölkerungsdichte dazu verurteilt – industrialisiert und urbanisiert waren. Dies mag eine Erklärung sein, weshalb Gandhis Taktiken relativ erfolgreich waren, als Martin Luther King sie in den vergleichsweise ländlicheren Südstaaten Amerikas anwandte; während sie sich bei Rassenkonflikten im durchwegs städtischen Milieu der nördlichen Städte weniger bewährten.

Am häufigsten treten Zweifel an Gandhis Theorien und Methoden auf, wenn es um die Frage geht, wie der Widerstand gegen einen erbarmungslosen Gegner ausgefallen wäre. Hätte Gandhi sich Hitler ebenso leicht widersetzen können, wie es ihm bei Lord Irwin und Lord Willingdon möglich war? Hätte sein Plan der in immer erneuten Wellen nachdrängenden, sich aufopfernden Satjagrahis gegen die Armeen Japans Aussicht auf Erfolg gehabt? Gandhis Fähigkeit, sich in eine Mentalität hineinzuversetzen, die von seiner abwich, war in der Tat begrenzt. Daß es ihm nicht gelang, Jinnah zu beeindrucken, lag nicht allein an dessen

Kälte; mindestens ebensoviel Schuld daran trug Gandhis Unfähigkeit, sich auf Jinnahs Befürchtungen und Bestrebungen einzustellen. Und weil er sich ebensowenig in die Mentalität eines Tamerlan versetzen konnte – er vermochte nicht zu glauben, daß es Menschen geben könne, die auf die moralische Herausforderung von willkürlich erzeugtem Massenelend nicht reagierten –, so war er auch gänzlich unfähig, Hitler zu verstehen; er wollte ihn unbedingt als einen irregeleiteten, aber im Grunde guten und zur Vernunft zu bringenden Menschen betrachtet wissen.

Gandhi hatte insofern tatsächlich Glück, als er – bis auf das letzte Geschehen – mit seinen Aktionen auf Gegner stieß, für die er Verständnis hatte. Er besaß ein erstaunliches Einfühlungsvermögen für englische Lebensanschauung und entwickelte sogar einen persönlichen Kodex der Ritterlichkeit, welcher *einen* der Aspekte des von den Sahibs sorgsam gehegten Klassenmythos wiedergab. Hören wir, wie er sich über seinen Gegner im Ahmedabad-Streik, über Ambalal Sarabhai, äußert: »Sein unbeirrbarer Wille und seine unbedingte Aufrichtigkeit waren wunderbar und haben mein Herz erobert. Es war ein Vergnügen, sich mit ihm herumzuschlagen.« Gandhi hat es sicherlich als ebensolches Vergnügen empfunden, sich mit Lord Irwin herumzuschlagen, und es ist anzunehmen, daß das Vergnügen auf beiden Seiten war. Aber ein Vergnügen, sich mit Hitler »herumzuschlagen«? Unvorstellbar!

Vielleicht war es Gandhis Einblick in die Mentalität der Briten und sein Geschick, sich ihrer Begriffe von Anstand und Sitte als Mittel zu bedienen, ihr Gewissen aufzurütteln, was ihn so eindeutig zu *dem* Manne der Zeit für Indien berufen sein ließ. In der Tat hat er offensichtlich die Briten besser verstanden als seine eigenen Landsleute, denn zum Schluß benahmen sich die Briten nicht anders, als er es immer von ihnen erwartet hatte, während sich bei den Indern Abgründe der Gewalt auftaten, die alles übertrafen, was er je gewagt hätte sich vorzustellen.

Wie wohl ein jeder von uns mochte Gandhi nicht zugeben, daß es irgendwelche Umstände geben könnte, unter denen sich der Glaube, den er zum Eckpfeiler seines Lebens gemacht hatte, als unbrauchbar erweisen würde, was ihn zu gewissen törichten Äußerungen verleitete. Als er zum Beispiel kurz vor seinem Tode gefragt wurde, wie er sich bei einem Atombombenangriff verhalten würde, antwortete er: »Ich werde mich nicht unter die Erde verkriechen und in keinem Bunker Schutz suchen. Ich werde hinaustreten und dem Piloten zeigen, daß ich ihm nicht das geringste Böse will. Der Pilot wird zwar aus seiner Höhe unsere Gesichter nicht erkennen, das weiß ich wohl. Aber das Bangen unserer Herzen um ihn, unsere Sorge, daß ihm etwas zustoßen könnte, würde sich zu ihm hinaufschwingen und ihm die Augen öffnen.« Eine solche Antwort von einem Mann, dem sie kaum als Naivität ausgelegt werden kann, war das indirekte Eingeständnis, daß er einfach keine Antwort darauf hatte.

Andererseits muß der Meinung seiner Kritiker über seine Empfehlung, Diktatoren und erbarmungslosen Angreifern gewaltlosen Widerstand entgegenzusetzen, doch noch einiges hinzugefügt werden. Schließlich handelt es sich hierbei um Situationen, die fürs erste nahezu hoffnungslos sind und in denen gewalttätiger Widerstand für den Augenblick ebensowenig ausrichten dürfte, wie der gewaltlose. Hier gilt es abzuwarten, bis das totalitäre Regime der Fremdherrschaft anfängt, von innen heraus abzubröckeln. Dann kann sich die Wirkung hartnäckigen und scheinbar nutzlosen Widerstandes zeigen; und auf lange Sicht wird der gewaltlose Widerstand bestimmt der wirksamere sein. Wahrscheinlich hat Tolstojs Ein-Mann-Herausforderung auf moralisch-gewaltloser Basis mehr zur Untergrabung des zaristischen Regimes beigetragen, als alle terroristischen Aktionen der »Narodnaja Volja«. Auch war vermutlich der einzige Widerstand gegen Hitler, der durch eigene Kraft zum Erfolg führte, die gewaltlose, Kooperation verweigernde Aktion norwegischer Lehrer gegen die Nazifizierung der Schulen in ihrem Land. Die gefeierten, sich der Gewalt bedienenden Widerstandsbewegungen konnten sich nur halten, weil Deutschland sich im Kriegszustand befand und eine Unterstützung von Feindesseite möglich war. Wirklichen Erfolg hatten sie nur in ihrer Eigenschaft als irreguläre Hilfstruppen der alliierten Streitkräfte. Es ist eine Illusion zu glauben, daß in einer modernen Welt Revolutionäre mit Gewalt eine starke Regierung ohne Hilfe stürzen können.

Während des Zweiten Weltkrieges erregte Gandhi großes Aufsehen mit seinem Appell an die Juden, den Kurs des gewaltlosen Widerstandes gegen die Nazis einzuschlagen. Was ihn am meisten entsetzte, mehr noch als die physische Vernichtung der Juden, war der Verlust ihrer Selbstachtung. »Die Juden hätten sich dem Schlächtermesser ausliefern sollen«, sagte er. »Sie hätten sich von den Klippen ins Meer stürzen sollen ... das hätte die ganze Welt und das deutsche Volk wachgerüttelt.«

Es muß daran erinnert werden, daß Gandhi eine relativ unbekümmerte Einstellung zum Tode hatte, sich aber um so mehr Gedanken über die Art und Weise zu sterben machte. »Der Tod ist niemals süß«, äußerte er einmal, »selbst nicht, wenn er für höchste Ideale erlitten wird. Er ist und bleibt unbeschreiblich bitter. Und doch kann er die äußerste Bestätigung unserer Individualität sein.« In diesem Sinne gedachte er der Juden. Wenn sie schon sterben müßten, meinte er, sei es besser für sie, im gewaltlosen Widerstand ihre Individualität zu behaupten, als sich wie das Vieh in den Schlachthof treiben zu lassen. Von der etwas extravaganten Formulierung abgesehen, war Gandhis Argument gar nicht so abwegig. Denn wenn die Juden Österreichs und Deutschlands von Anbeginn ihrer Verfolgung genug dramatischen Widerstand geleistet hätten, wären sie zwar vermutlich nicht am Leben geblieben – sie haben so und so nicht überlebt –, aber sie hätten damit erreicht, daß die Welt weniger bereit gewesen wäre, Entschuldigungen für Hitler zu finden; sie hätten eine Welle der Sympathie und Anfänge eines Widerstandes der deutschen Bevölkerung auslösen können. Darüber hinaus ist es durchaus denkbar, daß derartige Taktiken die Nazis gezwungen haben könnten, mehr Juden aus Deutschland herauszulassen, und somit manches Menschenleben hätte gerettet werden können.

Die Klugheit, die Gandhis Argumenten zugrunde liegt, läßt es nur in den seltensten Fälle zu, diese als Ausschweifungen einer exzentrischen Phantasie abzutun. Sie sind Produkte eines Geistes, der darauf trainiert ist, keiner Frage auszuweichen, sondern stets die moralisch untermauerte Antwort darauf zu finden. Da, wo er sich in extravagante Irrtümer verstrickte, lag es für gewöhnlich an seiner Unkenntnis der Tatsachen und nicht an mangelnder Urteilskraft. Und die wichtigste Tatsache, der er sich nur allzu bereitwillig verschloß, waren die Realität und das Ausmaß des Bösen. Nie hätte er zugeben können, daß das Ende allen Leids geringeres sei als Liebe.

Dieses ist das letzte Wort!

Liebe

Liebe

Liebe

Liebe

Literaturhinweise

Collected Works of Mahatma Gandhi. 1958ff. – Alle Schriften, Reden und Briefe, veröffentlicht von der indischen Regierung. Bisher sind etwa 40 Bände (bis 1929) erschienen.

Gandhi, Mohandas Karamchand: The Story of My Experiments with Truth. 2 Bände, 1927–29. Deutsch: Mahatma Gandhis Autobiographie. Die Geschichte meiner Experimente mit der Wahrheit. 1960. – Behandelt die Zeit bis 1921. *

Gandhi, M. K.: Hind Swaraj. 1909. *

Gandhi, M. K.: Hindu Dharma. 1950.

Gandhi, M. K.: Non-Violence in Peace and War. 2 Bände, 1942–1949.*

Gandhi, M. K.: Satyagraha. 1935.

Gandhi, M. K.: Satyagraha in South Africa. 1928.*

Gandhi, M. K.: Jung Indien (Aufsatzsammlung). Zürich 1924.

Andrews, C. F.: Mahatma Gandhi at Work. 1931. Deutsch: Gandhis Lehre und Tat. 1932.

Andrews, C. F.: Mahatma Gandhi's Ideas. 1930.

Ashe, Geoffrey: Gandhi. A Study in Revolution. 1968.

Bondurant, Joan V.: Conquest of Violence. The Gandhian Philosophy of Conflict. Revised edition 1965. *

Bose, Nirmal Kumar: Gandhi in Indian Politics. 1967.

Bose, Nirmal Kumar: My Days with Gandhi. 1953.

Brecher, Michael: Nehru. A Political Biography. 1962.

Catlin, George: In the Path of Mahatma Gandhi. 1948. Deutsch: Ahimsa. 1949.

Datta, Dhirendra Mohan: The Philosophy of Mahatma Gandhi. Revised edition 1957.

Dhawan, Gopinath: The Political Philosophy of Mahatma Gandhi. Revised edition 1957.

Edwardes, Michael: The Last Years of British India. 1965.

Erikson, Erik H.: Gandhi's Truth. On the Origins of Militant Non-Violence. 1969.

Fischer, Louis: The Life of Mahatma Gandhi. 1950.

Jack, Homer A. (Hrsg.): The Gandhi Reader. 1961.

Mazumdar, Haridas T.: Gandhi against the Empire. 1932.

Mazumdar, Haridas T.: Mahatma Gandhi, a Prophetic Voice. 1963.

Menon, V. Lakshmi: Ruskin and Gandhi. 1965.

Merton, Thomas (Hrsg.): Gandhi on Non-Violence. 1964.

Mühlmann, Wilhelm E.: Mahatma Gandhi. Der Mann, sein Werk und seine Wirkung. Eine Untersuchung zur Religionssoziologie und politischen Ethik. 1950. – Mit Bibliographie.

Nag, Kalidas: Tolstoy and Gandhi. 1950.

Nanda, B. R.: Mahatma Gandhi. A Biography. 1958.

Nehru, Jawaharlal: An Autobiography. 1936.

Payne, Robert: The Life and Death of Mahatma Gandhi. 1959.

Prasad, Rajendra: Satyagraha in Champaran. 1949.
Pyarelal: Mahatma Gandhi. 2 Bände. Revised edition 1965–66.
Rau, Heimo: Mahatma Gandhi. 1970. – Mit umfangreicher Bibliographie *
Reynolds, Reginald: A Quest for Gandhi. 1952.
Rolland, Romain: Mahatma Gandhi. Deutsch: 1924.
Shahani, Ranjee: Mr. Gandhi. 1961.
Tendulkar, D. G.: Gandhi in Champaran. 1957.
Tendulkar, D. G.: Mahatma. 8 Bände. Revised edition 1960–63.
Woodcock, George: Civil Disobedience. 1966.
Wolff, Otto: Mahatma Gandhi. Politik und Gewaltlosigkeit. 1963.

Weitere Literaturhinweise

Gandhi, M.K.: Basic Education. 1951
Gandhi, M.K.: For Pacifists. 1949*
Gandhi, M.K.: Gedanken von Mahatma Gandhi. Ausgewählt von Mira behn. 1974*
Gandhi, M.K.: Industrialize – and Perish! Compiled by R.K. Prabhu
Gandhi, M.K.: Mahatma Gandhi Handeln aus dem Geist. Ausgewählt und eingeleitet von Gertude und Thomas Sartory. 1977*
Gandhi, M.K.: My Religion. Compiled and edited by Bharatan Kumarappa. 1955
Gandhi, M.K.: Sarvodaya (Wohlfahrt für alle). 1975*
Gandhi, M.K.: Stonewalls do not a Prison make. Compiled and edited by V.B. Kher. 1964
Gandhi, M.K.: Women and Social Injustice. 1942*

Brown, Judith M.: Gandhi and Civil Disobedience. The Mahatma in Indian Politics 1928-1934. 1977*
Collins, Larry / Lapierre, Dominique: Um Mitternacht die Freiheit. Indiens Weg in die Unabhängigkeit. 1978*
Desai, Mahadev: The Story of Bardoli. Being a History of the Bardoli Satyagraha of 1928 and its Sequal. 1929
Erikson, Erik H.: Gandhis Wahrheit. Über die Ursprünge der militanten Gewaltlosigkeit. 1971*
Gandhi, Arun: Kasturbai und Mahatma Gandhi. 1981*
Mashruwala, K.G.: Gandhi and Marx. 1951
Mira behn: An der Seite des Mahatma. Im engsten Kreise Gandhis. 1970 *
Schultz, H.J. (Hrsg): Politik ohne Gewalt? Beispiele von Gandhi bis Camara. 1976*
Sharp, Gene: Gandhi faces the Storm. 1961*
Sharp, Gene: Gandhi as a political Strategist. With Essays on Ethics an Politics. 1979*
Sharp, Gene: Gandhi wields the Weapon of moral Power (three Case Histories). 1960*
Shridharani, Krishnalal: War without Violence. 1962

* Diese Bücher können von Weber, Zucht & Co bezogen werden.

graswurzel revolution

Vertrieb
Steinbruchweg 14
3500 Kassel - B.

Die Föderation Gewaltfreier Aktionsgruppen versucht in Zusammenarbeit mit anderen Gruppen und Organisationen in Deutschland und anderen Ländern, an die Ideen und Erfahrungen Gandhis und der indischen gewaltlosen Bewegung anzuknüpfen und sie weiterzuentwickeln. Sie versucht vor allem, Aktionsformen zu entwickeln, die die Probleme der europäischen Industriegesellschaft lösen helfen. Dabei geht sie von der Erfahrung und Überzeugung aus, daß die erforderlichen grundlegenden Veränderungen den Einsatz von gewaltlosen direkten Aktionen, zivilem Ungehorsam und ähnlichen gewaltlosen Aktionsformen notwendig machen. Sie benutzt den Begriff "Graswurzelrevolution" und meint damit eine tiefgreifende gesellschaftliche Umwandlung im Kampf gegen alle Formen der Gewalt, in der durch Macht von der Basis her Gewalt und Herrschaft abgeschafft werden sollen. Die Lösung der Probleme der Industriegesellschaft liegt ihrer Überzeugung nach in der Schaffung einer dezentralisierten Gesellschaftsordnung, die auf Selbstregierung (Swaradsch) oder Anarchie beruht.

Die Föderation gibt die Zeitschrift "Graswurzelrevolution" heraus, die monatlich erscheint, über Aktionen in den Bereichen Ökologie,Antimilitarismus,Dritte Welt, über Aufbau von Alternativen u.v.a.m. berichtet und sich die Förderung einer gewaltlosen revolutionären Gesellschaftsveränderung zur Aufgabe gemacht hat. 10 Ausgaben kosten 25,- DM.

Die Arbeit der Gewaltfreien Aktionsgruppen wird von der Graswurzelwerkstatt koordiniert. Sie gibt gern Auskunft über aktuelle Kampagnen, Einführungsseminare, Möglichkeiten zur Mitarbeit, Kontaktadressen und Kurzinfos.

Graswurzelwerkstatt
Rote Straße 40
3400 Göttingen

Föderation Gewaltfreier Aktionsgruppen